utb 3877

W0172453

Eine Arbeitsgemeinschaft der Verlage

Böhlau Verlag · Wien · Köln · Weimar
Verlag Barbara Budrich · Opladen · Toronto
facultas · Wien
Wilhelm Fink · Paderborn
Narr Francke Attempto Verlag / expert Verlag · Tübingen
Haupt Verlag · Bern
Verlag Julius Klinkhardt · Bad Heilbrunn
Mohr Siebeck · Tübingen
Ernst Reinhardt Verlag · München
Ferdinand Schöningh · Paderborn
transcript Verlag · Bielefeld
Eugen Ulmer Verlag · Stuttgart
UVK Verlag · München
Vandenhoeck & Ruprecht · Göttingen
Waxmann · Münster · New York
wbv Publikation · Bielefeld

Stefan Stürmer, Birte Siem

Sozialpsychologie der Gruppe

2., aktualisierte und erweiterte Auflage
Mit 6 Abbildungen

Ernst Reinhardt Verlag München

Prof. Dr. *Stefan Stürmer* hat den Lehrstuhl für Sozialpsychologie an der Fern-Universität Hagen inne; Frau Dr. *Birte Siem* ist Lehrkraft für besondere Aufgaben und Habilitandin an diesem Lehrstuhl.

Von *Stefan Stürmer* außerdem im Ernst Reinhardt Verlag lieferbar: „Sozialpsychologie" (UTB-basics 2009, ISBN 978-3-8252-3179-8) sowie „E-Learningkurs Sozialpsychologie" (UTB-e-book, ISBN 978-3-8252-6239-2).

Bibliografische Information der Deutschen Nationalbibliothek

Die Deutsche Nationalbibliothek verzeichnet diese Publikation in der Deutschen Nationalbibliografie; detaillierte bibliografische Daten sind im Internet über <http://dnb.d-nb.de> abrufbar.
UTB-Band-Nr.: 3877
ISBN 978-3-8252-5225-0

2., aktualisierte und erweiterte Auflage
© 2020 by Ernst Reinhardt, GmbH & Co KG, Verlag, München

Printed in EU
Einbandgestaltung: Atelier Reichert, Stuttgart
Satz: Fotosatz Amann, Aichstetten
Covermotiv: © istock.com/nattanan726

Ernst Reinhardt Verlag, Kemnatenstr. 46, D-80639 München
Net: www.reinhardt-verlag.de E-Mail: info@reinhardt-verlag.de

Inhalt

Anhang

Vorwort zur zweiten Auflage

Die Sozialpsychologie erforscht die psychologischen und sozial-
kontextuellen Grundlagen menschlichen Sozialverhaltens. Dieses
Einführungslehrbuch widmet sich einer komprimierten Darstellung grundlegender sozialpsychologischer Forschungsbefunde
zum menschlichen Erleben und Verhalten im Kontext sozialer
Interaktionen innerhalb und zwischen Gruppen.

Auf viele (Sozial-)Psychologinnen und Psychologen übt die
Erforschung von Gruppenprozessen eine besondere Faszination
aus, weil sie fundamentale Fragen der menschlichen Natur berührt –
Fragen, die Denker und Forscherinnen unterschiedlicher wissenschaftlicher Disziplinen seit Jahrhunderten beschäftigen (z. B.: Haben Menschen eine „natürliche" Abneigung gegen alles Fremde
oder ist ein friedliches Zusammenleben unterschiedlicher Gruppen möglich? Sind Menschen in Interaktionen mit anderen immer
nur auf ihren persönlichen Vorteil bedacht oder stellen sie persönliche Interessen zugunsten von Gruppeninteressen zurück?). Ein
zusätzlicher Reiz der Gruppenforschung besteht in der unmittel-
baren Verbindung zu praktischen und gesellschaftspolitischen
Fragen und dem daraus resultierenden Anwendungspotenzial.
Sozialpsychologische Forschung liefert beispielsweise Ansätze dafür, wie sich die Zusammenarbeit in Gruppen effektiv gestalten
lässt, wie sich Gruppen effektiv führen lassen oder welche Maßnahmen geeignet sind, um Vorurteile und Konflikte zwischen
Gruppen abzubauen.

Ein Hauptziel dieses Buches ist es, Ihre Begeisterung für die
Sozialpsychologie des Gruppenverhaltens zu wecken und grund-
legendes Wissen über die relevanten Theorien und Forschungsbefunde der sozialpsychologischen Forschung zu Gruppenprozessen zu vermitteln. Das Buch richtet sich primär an Studierende im
B.Sc. Psychologie, es ist aber auch für Studierende in anderen
sozial- und verhaltenswissenschaftlichen Studiengängen geeignet.
Ziel dieses Buches ist es nicht, die oben genannten Themen er-
schöpfend zu behandeln, sondern Schlüsselwissen zu vermitteln,

das eine systematische Grundlage für eine weitere Auseinandersetzung und erfolgreiches Lernen bietet.

Das Buch führt in beide traditionelle Schwerpunktbereiche der Gruppenforschung ein. Die ersten drei Kapitel widmen sich daher den intragruppalen Prozessen (d.h. dem Erleben und Verhalten innerhalb von Gruppen). Die darauffolgenden Kapitel widmen sich intergruppalen Prozessen (dem Erleben und Verhalten von Menschen im Kontakt mit Menschen anderer Gruppen).

Unser Dank gilt den wissenschaftlichen Mitarbeitern und Mitarbeiterinnen des Lehrstuhls Sozialpsychologie sowie zahlreichen Studierenden der FernUniversität in Hagen für ihre hilfreichen Hinweise und Rückmeldungen zu ersten Entwürfen unseres Manuskriptes. Für die Betreuung bei der Manuskriptgestaltung möchten wir uns bei der Lektorin Ulrike Landersdorfer herzlich bedanken.

In der zweiten Auflage haben wir aktuelle weitere Forschung eingearbeitet. Zudem haben wir das Spektrum um die Themen Radikalisierung, Diversität und Xenophilie erweitert.

Hagen, November 2019   Stefan Stürmer,
                                                        Birte Siem

1 Einführung in die Gruppenpsychologie

Menschen aller bekannten Populationen leben in Gruppen; die Fähigkeit, Gruppen zu bilden ist eine Universalie der Spezies Mensch. Im Vergleich zu den meisten anderen sozialen Lebewesen ist das Gruppenverhalten des Menschen ausgesprochen vielfältig und differenziert. Menschen können zu vielen unterschiedlichen Gruppen gehören, in diesen Gruppen unterschiedliche Rollen und Positionen einnehmen, ihre Gruppenzugehörigkeiten wechseln und eine Vielzahl unterschiedlicher Gruppenziele verfolgen. Im Folgenden werden wir zunächst einige grundlegende Begriffe der sozialpsychologischen Forschung zu Gruppenprozessen und Intergruppenverhalten erläutern.

1.1 Begriffsbestimmung

Der Gruppenbegriff wird in der Sozialpsychologie je nach Forschungstradition unterschiedlich definiert. Die meisten Sozialpsychologinnen und -psychologen stimmen aber darin überein, dass es für das psychologische Verständnis von Gruppenprozessen entscheidend ist, inwieweit sich Personen selbst als Gruppe definieren. Sie gehen daher von einem Gruppenbegriff aus, der die subjektive Sicht der Gruppenmitglieder, Teil einer Gruppe zu sein, zum zentralen Definitionskriterium erhebt (Tajfel/Turner 1986).

Soziale Gruppe: Eine Menge von Individuen, die sich selbst als Mitglieder derselben sozialen Kategorie wahrnehmen und ein gewisses Maß an emotionaler Bindung bezüglich dieser gemeinsamen Selbstdefinition teilen. Die Gruppe, zu der ein Individuum sich zugehörig fühlt, wird als „Eigengruppe" bezeichnet, eine im sozialen Kontext relevante Vergleichsgruppe als „Fremdgruppe".

Der sozialpsychologische Gruppenbegriff lässt sich sowohl auf Kleingruppen anwenden, in denen die Möglichkeit direkter („Face-to-Face-")Interaktionen zwischen allen Gruppenmitgliedern besteht (Arbeitsgruppen, Teams etc.), als auch auf soziale Kategorien, bei denen diese Möglichkeit nicht besteht (Männer, Psychologen, Deutsche etc.). In der Sozialpsychologie werden die Begriffe „soziale Kategorie" und „Gruppe" daher typischerweise synonym verwendet.

Der Begriff „Entitativität" bezieht sich darauf, inwieweit eine Ansammlung von Personen vom sozialen Beobachter als kohärente soziale Einheit wahrgenommen wird (bzw. seinem „prototypischen" Bild einer Gruppe entspricht). Im Allgemeinen werden Gruppen, bei denen ein hohes Maß an Interaktionen zwischen Gruppenmitgliedern besteht, als besonders entitativ angesehen – z. B. Familien oder Teams (Lickel et al. 2000).

Der Begriff „Gruppenkohäsion" bezieht sich auf den inneren Zusammenhalt einer Gruppe (das „Wir-Gefühl"), der u. a. durch die Intensität und emotionale Qualität der Beziehungen der Gruppenmitglieder zueinander zum Ausdruck kommt. Gruppenkohäsion ist eine variable Eigenschaft einer Gruppe: Sie kann zwischen Gruppen, zwischen unterschiedlichen sozialen Kontexten und über die Zeit hinweg variieren.

Der Begriff der „sozialen (oder auch kollektiven) Identifikation" bezieht sich wiederum auf die psychologische Beziehung zwischen einem einzelnen Gruppenmitglied und der Gruppe. Soziale Identifikation wird als ein Konstrukt aufgefasst, das aus mehreren Komponenten besteht (Leach et al. 2008). Auf abstraktem Niveau reflektieren diese Komponenten:

- welchen Stellenwert die Gruppenmitgliedschaft für die Selbstdefinition einer Person hat und
- wie viel eine Person emotional in ihre Gruppenmitgliedschaft investiert.

Aufgrund unterschiedlicher individueller Erfahrungen können sich einzelne Gruppenmitglieder unterschiedlich stark mit ihrer Gruppe identifizieren; die Stärke dieser Identifikation kann außerdem mit dem sozialen Kontext variieren. Ein wichtiger Einflussfaktor auf die psychologische Beziehung zwischen Individuum und Gruppe ist, ob die Gruppenzugehörigkeit selbst gewählt worden ist (z.b. die Mitgliedschaft in einer Freizeitsportgruppe oder einer politischen Partei) oder ob sie durch soziale Strukturen oder die Behandlungen anderer Personen vorgegeben ist (z.b. die Zugehörigkeit zu einer sozialen Kategorie basierend auf dem Geschlecht, der Ethnie oder der sexuellen Orientierung).

Für das Erleben der Gruppenzugehörigkeit ist ferner relevant, ob es sich bei der Gruppe um eine soziale „Minoritätsgruppe" oder um eine „Majoritätsgruppe" handelt. Minoritäten haben (mit Ausnahmen von Eliten) typischerweise einen niedrigeren sozialen Status innerhalb der Gesellschaft als Majoritäten und verfügen nicht selten über eingeschränkte gesellschaftliche Rechte oder Ressourcen. Forschungsergebnisse zeigen, dass Minoritätsangehörigen im Vergleich zu Majoritätsangehörigen ihre Gruppenzugehörigkeit in sozialen Situationen häufiger präsent ist, wobei sie gleichzeitig in geringerem Maße positive Gefühlszustände aufgrund ihrer Gruppenzugehörigkeit erleben (Lücken/Simon 2005).

1.2 Grundlegende theoretische Perspektiven der Gruppenforschung

Der folgende Abschnitt gibt einen kurzen – und angesichts des Zweckes des vorliegenden Buches notwendigerweise selektiven – Überblick über einflussreiche theoretische Perspektiven der sozialpsychologischen Gruppenforschung.

1.2.1 Persönlichkeit und individuelle Differenzen

Die historische Entwicklung der sozialpsychologischen (Inter-) Gruppenforschung am Ende des 19. und zu Beginn des 20. Jahrhunderts wurde von zwei unterschiedlichen Perspektiven dieser Zeit geprägt: einerseits von Forschungsarbeiten, die kollektive Phänomene wie Kultur, Massen, Gesellschaft und die Beziehungen zwischen Gruppen in den Mittelpunkt stellten; andererseits von Forschungsarbeiten der experimentellen Psychologie, die sich auf die Erforschung individueller Phänomene beschränkte.

Letzter Ansatz geht davon aus, dass sich das Verhalten von Menschen in Gruppen (wie das Verhalten von Menschen allgemein) unmittelbar aus ihren individuellen Eigenschaften, Präferenzen und Interessen ableiten lässt. Um es mit Floyd Allport, dem Verfasser eines der ersten Lehrbücher für Sozialpsychologie auszudrücken: „There is no psychology of groups which is not essentially and entirely a psychology of individuals" (Allport 1924, 4).

Die sozialpsychologische Forschung hat eine Vielzahl von Persönlichkeitseigenschaften und individuellen Differenzen identifiziert, die einen Beitrag zur Erklärung von Gruppenverhalten leisten ($\rightarrow$ z.b. in Kapitel 3: individuelles Selbstwertgefühl als Moderator der Effekte der Anwesenheit anderer Personen auf die eigene Leistung; in Kapitel 5: soziale Dominanzorientierung als Determinante von Vorurteilen; in Kapitel 7: politische Selbstwirksamkeitserwartung als Erklärung interindividueller Differenzen politischer Partizipation). Persönlichkeits- oder eigenschaftsbasierte Ansätze erklären allerdings nur unzureichend, warum sich Menschen als Mitglieder von Gruppen häufig anders verhalten als es ihre persönlichen Eigenschaften erwarten lassen (z.b. kooperativer und freundlicher gegenüber Mitgliedern ihrer Eigengruppe und wettbewerbsorientierter und feindseliger gegenüber Mitgliedern einer Fremdgruppe). Tatsächlich legt die empirische Forschung, entgegen dem Allport'schen Postulat, eine Diskontinuität zwischen individuellem Verhalten und Gruppenverhalten nahe, sodass man nicht einfach von den Eigenschaften von Individuen auf ihr Verhalten in Gruppensituationen extrapolieren kann (Sherif 1962, 5).

1.2.2   Austausch und Interdependenz

„Austausch- oder Interdependenztheorien" sehen in der wechselseitigen Abhängigkeit von Menschen in sozialen Interaktionen und Beziehungen den Schlüssel zum Verständnis von Interaktionen in Gruppen (z.b. Blau 1964; Thibaut/Kelley 1959). Die Kernannahmen dieser Perspektive sind wie folgt: Menschen sind im Hinblick auf die Befriedigung ihrer Bedürfnisse voneinander abhängig (interdependent). Die Bildung von relativ zeitstabilen Gruppen ermöglicht einen sicheren und vorhersehbaren wechselseitigen Austausch von materiellen und immateriellen Ressourcen. Durch Kooperationen mit anderen Gruppenmitgliedern können zudem Ziele erreicht werden, die individuell nicht erreicht werden könnten. Da Menschen in Gruppen ihre Beziehungen, Regeln und

Ziele aufeinander abstimmen und gemeinsam definieren müssen, lassen sich ihre Verhaltensweisen nicht einfach aus ihren individuellen Eigenschaften ableiten; eine Gruppe selbst verhält sich dementsprechend typischerweise auch anders als die Summe ihrer Mitglieder.

Im Einklang mit „Theorien der rationalen Entscheidung" („Rational-Choice Theories") gehen Vertreter von Austausch- oder Interdependenzansätzen zudem davon aus, dass Menschen Interaktionen, die instrumentell für die individuelle Zielerreichung sind, als positiv empfinden und sie dementsprechend wiederholen. Sie schließen sich daher Gruppen an und verbleiben in ihnen, wenn sie erwarten, dass die Interaktionen innerhalb von Gruppen zu positiven Ergebnissen für sie führen; sie verlassen die Gruppe, wenn die Bedürfnisbefriedigung unter den Erwartungen bleibt und sich positivere Alternativen für die Realisierung individueller Ziele bieten. Die Annahme der wechselseitigen Abhängigkeit als einer zentralen psychologischen Grundlage für Gruppenprozesse findet sich in zahlreichen Ansätzen der Forschung zu zwischenmenschlichen Interaktionen innerhalb von Gruppen. So basieren Erklärungsansätze zum sozialen Einfluss (→ Kapitel 2) beispielsweise auf der Prämisse, dass sich Menschen von anderen Menschen beeinflussen lassen, da sie im Hinblick auf die Validierung ihres Bildes von der Realität (informationaler Einfluss) oder auf ihr Bedürfnis nach sozialer Zugehörigkeit (normativer Einfluss) auf andere Gruppenmitglieder angewiesen sind.

Die Interdependenzannahme spielt auch eine zentrale Rolle bei der Erforschung von Kooperationsverhalten in Gruppen (→ Kapitel 3). Darüber hinaus liefert sie auch einen Ausgangspunkt für die Erklärung *intergruppalen* Verhaltens. So postuliert die in Kapitel 5 dargestellte „Theorie des realistischen Gruppenkonfliktes" von Sherif et al. (z.B. Sherif 1966) beispielsweise, dass Vorurteile und Konflikte zwischen Gruppen dann entstehen, wenn innerhalb der Gruppen die Wahrnehmung vorherrscht, sie seien im Hinblick auf ein Ziel negativ interdependent (d.h., wenn eine Gruppe eine Ressource nur zulasten der anderen Gruppe nutzen kann).

1.2.3   Soziale Kategorisierung und soziale Identität

Der „soziale Identitätsansatz", der die „Theorie der sozialen Identität" (Tajfel/Turner 1986) und ihre Weiterentwicklung in Form der „Selbstkategorisierungstheorie" (Turner et al. 1987) umfasst, betont die *kognitiven* Grundlagen der Gruppenbildung. Diesem Ansatz zufolge ist Interdependenz zwar eine hinreichende, nicht aber eine notwendige Bedingung dafür, dass Menschen Gruppen bilden und sich entsprechend ihrer Gruppenzugehörigkeit verhalten. Notwendig ist vielmehr, dass Personen sich selbst und andere Personen als gleiche (austauschbare) Elemente einer sozialen Kategorie wahrnehmen. Ausgangspunkt der Entwicklung des sozialen Identitätsansatzes waren Ergebnisse der Experimente mit minimalen Gruppen von Tajfel und Mitarbeitern (z.B. Tajfel et al. 1971).

In einem paradigmatischen Experiment von Tajfel et al. (1971, Exp. 2) wurden die Untersuchungspersonen (14- bis 15-jährige Schüler) auf der Basis ihrer angeblichen Präferenzen für einen von zwei abstrakten Malern (Klee oder Kandinsky) in zwei Gruppen eingeteilt – tatsächlich erfolgte die Einteilung nach dem Zufallsprinzip. Im weiteren Verlauf der Untersuchung wurden sie gebeten, kleinere Geldbeträge zwei anderen Personen zuzuteilen, von denen jeweils eine Person zur Eigen- und die andere zur Fremdgruppe gehörte. Sich selbst konnten die Untersuchungspersonen kein Geld zuteilen. Die Gruppen werden als „minimal" bezeichnet, da zentrale Bedingungen, die üblicherweise in Gruppensituationen vorherrschen, durch das experimentelle Paradigma gezielt ausgeschlossen wurden. So bestand weder innerhalb noch zwischen den Gruppen Face-to-Face-Interaktion, die Untersuchungspersonen wussten nicht, wer in der Eigen- und wer in der Fremdgruppe war, es bestand keine rationale oder instrumentelle Verbindung zwischen der Gruppeneinteilung und der Art der Aufgabe und die Zuteilung brachte keinen persönlichen Vorteil (d.h., die Gruppenmitglieder waren nicht interdependent). Gruppenstiftend war allein die Kategorisierungsinformation.

Überraschenderweise war schon unter diesen minimalen Bedingungen und in Abwesenheit von Interdependenz eine systematische Tendenz zur Bevorzugung der Mitglieder der Eigengruppe gegenüber Mitgliedern der Fremdgruppe zu beobachten.

Das Herzstück der Erklärung für die in den Minimalgruppenexperimenten beobachteten Effekte aus der Perspektive des sozialen Identitätsansatzes ist das Konzept der sozialen Identität. Der „Theorie der sozialen Identität" zufolge stellt die Kategorisierung in Eigen- und Fremdgruppen die psychologische Basis dafür dar, dass sich Personen nicht länger im Sinne ihrer individuellen Identität, sondern auf der Basis ihrer Gruppenzugehörigkeit hinsichtlich ihrer sozialen Identität definieren. Formen der sozialen Diskriminierung, wie sie in basaler Form in minimalen Gruppenexperimenten zu beobachten sind, lassen sich dieser Perspektive zufolge als eine Strategie verstehen, eine positive soziale Identität herzustellen.

Die „Selbstkategorisierungstheorie" hat die Bedeutung des Konzeptes der sozialen Identität zur Erklärung von Verhalten innerhalb und zwischen Gruppen weiter ausgearbeitet. Der Begriff „personale Identität" bezieht sich in diesem Forschungszusammenhang auf eine Definition einer Person als einzigartiges und unverwechselbares Individuum, die auf einer interpersonalen Differenzierung auf der Basis individueller Merkmale beruht („ich" vs. „du" oder „ihr"). Der Begriff der „sozialen Identität" bezieht sich demgegenüber auf eine Selbstdefinition als austauschbares Gruppenmitglied, die aus einer intergruppalen Differenzierung zwischen Eigen- und Fremdgruppe auf der Basis gruppentypischer Merkmale resultiert („wir" vs. „die"). Relativ zur personalen Identität basiert die soziale Identität auf einer inklusiveren Selbstdefinition, da die Mitglieder einer Gruppe oder sozialen Kategorie, zu der die Person gehört (der Eigengruppe), in die Selbstdefinition eingeschlossen werden („wir Psychologen", „wir Deutschen" etc.).

Vertreter des sozialen Identitätsansatzes nehmen an, dass in dem Maße, in dem sich Menschen im Sinne ihrer sozialen Identität definieren, das Erleben und Verhalten dieser Person durch die in der entsprechenden Gruppe vorherrschenden Werte, Normen, Einstellungen etc. beeinflusst wird. Wichtig ist in diesem Zusammenhang, dass personale und soziale Identität nicht als statische Konzepte zu verstehen sind, sondern als dynamisch und kontextabhängig. Eine Person kann sich also, je nach Kontextbedingungen in einer Interaktionssituation in erster Linie als Mann sehen (im Unterschied zu den anwesenden Frauen), in der nächsten als Psychologe (im Unterschied zu den anwesenden Biologen) und in der darauffolgenden als einzigartiges Individuum, wobei jeweils die entsprechenden identitätsspezifischen Werte, Normen und Einstellungen das Erleben und Verhalten bestimmen. Der soziale Identitätsansatz hat zu einer Vielzahl von Erklärungen für intragruppale Prozesse (→ z.B. in Kapitel 2: sozialer Einfluss; in Kapitel 3: Führungsverhalten) oder intergruppale Prozesse beigetragen (→ z.B. in Kapitel 4: Stereotype und Vorurteile; in Kapitel 5: Konflikte zwischen Gruppen).

1.2.4   Soziale Kognitionen

Eine weitere einflussreiche Perspektive im Kontext der Gruppenforschung, insbesondere der Erforschung von Intergruppenprozessen, ist die soziale Kognitionsforschung. Generalthema der sozialen Kognitionsforschung ist die Frage, wie Menschen Informationen über andere Menschen und Gruppen verarbeiten, wie diese Informationen mental organisiert, gespeichert und abgerufen werden und wie sich diese Verarbeitungsprozesse auf die subjektive Wahrnehmung und Interpretation der sozialen Realität auswirken (Bless et al. 2004; Fiske/Taylor 1991).

Die soziale Kognitionsforschung stellt kein einheitliches theoretisches Rahmenwerk für die Analyse von Gruppenprozessen dar; vielmehr basieren die unter dieser Forschungsperspektive entwickelten Erklärungsansätze und Modelle auf einer Reihe von gemeinsamen Prämissen. Eine dieser Prämissen ist, dass sich Informationsverarbeitungsprozesse dahingehend unterscheiden lassen, inwieweit sie automatisch oder kontrolliert verlaufen. Automatische Prozesse sind u.a. dadurch gekennzeichnet, dass sie wenig kognitive Ressourcen verbrauchen, nicht kontrolliert werden müssen (oder kontrolliert werden können) und unterhalb der Bewusstseinsschwelle ablaufen (z.B. Bargh 1999). Kontrollierte Prozesse benötigen demgegenüber erhebliche kognitive Ressourcen, sie erfordern aktive Regulation, die von einer Person (zumindest teilweise) bewusst gesteuert werden kann. Das Kontinuum-Modell von Susan Fiske und Steven Neuberg (z.B. Fiske/Neuberg 1990) – eines der einflussreichsten Modelle zur Frage, wie sich Menschen Eindrücke von anderen Menschen bilden – geht beispielsweise davon aus, dass die Eindrucksbildung stets mit einer automatischen Kategorisierung der fremden Person beginnt, die auf der Grundlage leicht beobachtbarer Merkmale erfolgt (z.B. der Hautfarbe, dem Geschlecht oder dem Alter). Die Zielperson wird also zunächst – ohne dass der Wahrnehmende dies beabsichtigt – im Sinne ihrer Kategorienzugehörigkeit und der damit assoziierten stereotypischen Eigenschaften wahrgenommen (z.B.

als Schwarzer). Nur wenn die Motivation zu einer kontrollierten Form der Informationsverarbeitung vorhanden ist, wird die kategorien- oder stereotypenbasierte Informationsverarbeitung zugunsten einer eigenschaftsbasierten Informationsverarbeitung aufgegeben, bei der die wahrnehmende Person Schritt für Schritt die individuellen Eigenschaften und Merkmale der Zielperson bei der Eindrucksbildung berücksichtigt (z.b. Colin, ein 25-jähriger dunkelhäutiger Psychologiestudent, der gern über politische Themen diskutiert und gut Fußball spielt).

Die Unterscheidung zwischen automatischer und kontrollierter Informationsverarbeitung bei der Eindrucksbildung wird auch von der sozial-neurowissenschaftlichen Forschung unterstützt. Studien zeigen, dass bei einer subliminalen Darbietung von Bildern von (ethnischen) Fremdgruppenmitgliedern eine stärkere Aktivierung der Amygdala (einer mit Emotionen assoziierten Hirnregion) erfolgt als bei Bildern von Eigengruppenmitgliedern. Bei längerem (bewusstem) Betrachten von Fremdgruppenbildern scheinen hingegen Regionen, die für die Regulierung und Kontrolle von Reaktionen zuständig sind, vermehrt aktiviert zu sein (für einen Überblick: Ito/Bartholow 2009).

Die soziale Kognitionsforschung hat zahlreiche Modelle und empirische Befunde hervorgebracht, die für die Erklärung von Verhalten innerhalb und zwischen Gruppen von grundlegender Bedeutung sind (→ z.b. in Kapitel 3: Verarbeitung von Minoritäts- oder Majoritätsargumenten; in Kapitel 4: reflexive Reaktionen auf Stigmata).

1.3   Gruppensozialisation

Wie „funktionieren" Gruppen? Welche Phasen der Gruppensozialisation lassen sich unterscheiden?

1.3.1   Normen und Rollen

Das individuelle Verhalten der Gruppenmitglieder wird durch soziale Normen koordiniert. Soziale Normen sind von den Gruppenmitgliedern konsensual geteilte Erwartungen; sie beziehen sich darauf, wie man sich als Gruppenmitglied in bestimmten sozialen Situationen verhalten sollte (und wie nicht). Das Befolgen dieser Erwartungen wird in vorhersehbarer Weise positiv, die Abweichung negativ sozial sanktioniert. Normen sind sozial (gesellschaftlich oder kulturell) bedingt und variieren daher zwischen Gruppen (Gesellschaften oder Kulturen). Soziale Normen können sich sowohl auf das Verhalten der Mitglieder innerhalb der Gruppe beziehen als auch darauf, wie sich Mitglieder der jeweiligen Gruppe gegenüber Mitgliedern anderer Gruppen verhalten sollen. Soziale Normen dienen u. a. den folgenden Funktionen (Cartwright/Zander 1968):

- **Gruppenlokomotion:** Normen gewährleisten die Übereinstimmung der Gruppenmitglieder im Hinblick auf die Gruppenziele und die Zielerreichung.
- **Aufrechterhaltung der Gruppe:** Normen führen zu einer Stabilisierung von Verhaltenserwartungen – eine wichtige Voraussetzung für befriedigende Interaktionen zwischen Gruppenmitgliedern.
- **Interpretation der sozialen Wirklichkeit:** Normen kreieren und erhalten einen gemeinschaftlich geteilten Bezugs- und Interpretationsrahmen für die Bewertung von Ereignissen und Verhaltensweisen.
- **Definition der Beziehungen zur sozialen Umwelt:** Normen dienen der Gruppe dazu, sich von anderen Gruppen abzugrenzen oder zu unterscheiden. Sie definieren die „Identität" der Gruppe.

Bei der Untersuchung des Einflusses von Normen auf individuelles Verhalten hat es sich als sinnvoll erwiesen, zwischen zwei Typen von Normen zu unterscheiden: „injunktive Normen" und „deskriptive Normen". Der Begriff „injunktive Norm" bezieht sich auf die Wahrnehmung, welches Verhalten von anderen gebilligt wird und welches nicht („Man soll seinen Abfall nicht einfach herumliegen lassen."). Normen dieses Typs motivieren Verhalten durch die Antizipation von Belohnungen (oder Bestrafungen) für normatives (oder nicht normatives) Verhalten.

Der Begriff „deskriptive Norm" bezieht sich auf die Wahrnehmung der Gruppenmitglieder, wie sich die meisten für gewöhnlich in einer Situation verhalten („Im Kino lassen die meisten ihren Abfall liegen."). Normen dieses Typs motivieren Verhalten dadurch, dass sie darüber informieren, was offenbar angemessen oder sinnvoll ist („Wenn alle es tun, wird es seine Richtigkeit haben."). Je nach sozialer Situation können diese Normen gegensätzliche Verhaltensweisen stimulieren (Kallgren et al. 2000). An welcher Norm (injunktiv vs. deskriptiv) sich Menschen in einer konkreten sozialen Situation orientieren, hängt von der situativen Salienz der Norm ab. Die Forschung zeigt, dass sich Menschen über den Einfluss von Normen auf ihr eigenes Verhalten nur selten bewusst sind.

Während soziale Normen definieren, wie sich Gruppenmitglieder im Allgemeinen zu verhalten haben, definieren soziale Rollen, wie Menschen sich verhalten sollen, die eine bestimmte Position innerhalb einer Gruppe (oder im weiteren Sinne einer Gesellschaft) innehaben (z.B. Berufsrollen, Geschlechtsrollen, familiäre Rollen). Ebenso wie Gruppennormen erleichtern soziale Rollen das koordinierte Handeln innerhalb von Gruppen, da sie Handlungsroutinen und Skripte für soziale Interaktionen bereitstellen und soziale Interaktionen durch Standardisierung vorhersehbar machen.

1.3.2   Phasen der Gruppensozialisation

Moreland und Levine (1982) haben ein Modell vorgestellt, das den Gruppensozialisationsprozess beschreibt und erklärt. Es wird angenommen, dass sich die Beziehung zwischen Individuum und Gruppe über die Zeit hinweg systematisch verändert und dass sowohl Individuum als auch Gruppe als Agenten zu dieser Veränderung beitragen. Das Modell ist für die Analyse von Prozessen innerhalb von Gruppen konzipiert worden, die über einen längeren Zeitraum hinweg bestehen, deren Mitglieder wechselseitig voneinander abhängig sind und direkt miteinander interagieren (z.B. Arbeits- oder Projektgruppen innerhalb von Organisationen oder Sportmannschaften). In dem Modell werden fünf Phasen der Gruppenmitgliedschaft unterschieden:

▪ **Erkundung:** In dieser Phase suchen sich Gruppen Individuen, die einen Beitrag zur Erreichung der Gruppenziele leisten können. Individuen (als potenzielle zukünftige Gruppenmitglieder) suchen wiederum nach Gruppen, die ihre Bedürfnisse befriedigen können. Legen sich beide Parteien darauf fest, eine

Beziehung einzugehen, kommt es zum Eintritt in eine Gruppe (der „Initiation"). Dieser Eintritt ist häufig durch einen Ritus, eine Zeremonie oder eine formalen Geste gekennzeichnet, die signalisiert, dass sich die Beziehung zwischen Individuum und Gruppe verändert hat; er markiert den Übergang zur Sozialisationsphase.

Sozialisation: Gruppe und Individuum versuchen einander in wechselseitigen sozialen Einflussprozessen so zu verändern, dass ihre Beziehung für beide Seiten gewinnbringend ist. Die Einflussprozesse der Gruppe zielen darauf ab, den Beitrag des Individuums zum Erreichen der Gruppenziele zu fördern, indem ihm z. b. die Gruppennormen und -regeln sowie seine Position und Rolle in der Gruppe vermittelt werden („Assimilationsprozess"). Der Einfluss des Individuums ist hingegen darauf gerichtet, die Gruppe so zu verändern, dass sie seine Bedürfnisse optimal befriedigt. Neue Mitglieder können z. b. versuchen, bestehende Normen und Regeln gemäß ihren persönlichen Zielen zu verändern („Akkommodationsprozess"). Wenn sich beide Seiten infolge der Sozialisationserfahrungen weiterhin auf die Beziehung festlegen, kommt es zur wechselseitigen Akzeptanz und das Individuum wird zum Vollmitglied.

Aufrechterhaltung: Nach der Akzeptanz beginnt die Phase der Aufrechterhaltung der Gruppenzugehörigkeit. Gruppe und Individuum verhandeln über Veränderungen der Position des Individuums innerhalb der Gruppe oder die Übernahme neuer Rollen (z. B. Führungsrollen), die sowohl dem Erreichen der Gruppenziele als auch den Bedürfnissen des Individuums dienen. Die gruppale bzw. individuelle Festlegung („Commitment") sollte umso höher sein, je erfolgreicher und gewinnbringender dieser Aushandlungsprozess ist.

Resozialisierung: Wenn ein Mitglied es nicht schafft, die Erwartungen der Gruppe zu erfüllen, kann die Festlegung der Gruppe auf das Mitglied nachlassen. Umgekehrt kann das Interesse eines Mitglieds an der Gruppe nachlassen, weil es mit seiner Rolle innerhalb der Gruppe unzufrieden ist oder weil es andere, für die Bedürfnisbefriedigung attraktiver erscheinende Gruppen gibt. Beide Prozesse können dazu führen, dass das Mitglied seine Rolle in der Gruppe verliert und von einem Vollmitglied zu einem randständigen Mitglied wird. Wenn Randständigkeit innerhalb der Gruppe als Abweichung von zentralen

Gruppennormen oder Werten interpretiert wird, können „Abweichler" erheblichem Druck ausgesetzt sein, sich wieder der Gruppe anzupassen („Resozialisierung") oder aber die Gruppe zu verlassen.

Menschen reagieren auf den Ausschluss aus Gruppen in der Regel äußerst sensibel (Williams 2007). Wie neuropsychologische Untersuchungen zeigen, sind in Situationen, in denen sich Menschen sozial ausgeschlossen fühlen, offenbar dieselben Hirnareale aktiviert wie bei der Empfindung körperlichen Schmerzes (Eisenberger et al. 2003). Wenn die Zugehörigkeit zur Gruppe einen hohen Stellenwert für das Individuum hat, kann die Angst davor, ausgeschlossen zu werden, dazu führen, dass es sich den Normen anpasst, auch wenn es diese eigentlich nicht akzeptiert (→ Kap. 2, Abschnitt 2.1). Andernfalls kommt es infolge der nachlassenden Festlegung zum Austritt aus der Gruppe.

Erinnerung: Nach dem Austritt aus der Gruppe bewerten das Exmitglied und die Gruppe rückblickend ihre Beziehung. Beide halten in gewissem Rahmen an der Beziehung fest, falls sie die Beziehung als positiv und gewinnbringend beurteilen.

2 Sozialer Einfluss in Gruppen

Unter „sozialem Einfluss" versteht man in der Sozialpsychologie den Prozess der Veränderung individueller Einstellungen, Werte, Verhaltensweisen etc. aufgrund der Konfrontation mit relevanten Informationen durch andere Personen. In den ersten Abschnitten dieses Kapitels widmen wir uns der Frage, welche Rolle es für die Wirksamkeit von Einflussprozessen spielt, ob die Informationen durch eine numerische Majorität oder eine numerische Minorität präsentiert werden. In einem weiteren Abschnitt gehen wir der Frage nach, welche Rolle der intragruppale Status der Einflussquelle spielt.

2.1 Majoritätseinfluss

Die ersten sozialpsychologischen Studien zu sozialem Einfluss untersuchten, warum Menschen sich durch Majoritäten beeinflussen lassen.

> **Konformität:** Unter Konformität wird die Veränderung individueller Verhaltensweisen, Überzeugungen, Einstellungen etc. infolge sozialer Beeinflussung durch eine numerische Majorität (Mehrheit) der Gruppenmitglieder verstanden. Die individuellen Positionen werden infolge dieses Einflusses an die Majoritätsposition angepasst.

Seit der einflussreichen Analyse von Deutsch und Gerard (1955) wird Majoritätseinfluss auf zwei unterschiedliche Prozesse zurückgeführt: auf den informationalen und den normativen Einfluss.

2.1.1 Informationaler Einfluss

Informationaler Einfluss beruht auf dem Bedürfnis, ein möglichst akkurates Bild der sozialen Realität zu erhalten. In Situationen, in denen sich Menschen selbst unsicher bezüglich der Einschätzung eines Sachverhaltes sind, orientieren sie sich daran, wie die meisten anderen Personen (d.h. die Majorität) den Sachverhalt einschätzen bzw. sich demgegenüber verhalten.

Informationaler Einfluss: Sozialer Einfluss, der darauf beruht, dass man die durch eine Majorität erhaltenen Informationen als angemessene Interpretationen der Realität akzeptiert.

Ein wichtiger Grundstein für das Verständnis informationalen Einflusses wurde durch Experimente von Sherif (1936) zur Formierung sozialer Normen gelegt. Für seine Untersuchung machte sich Sherif eine optische Täuschung zunutze – den sogenannten „autokinetischen Effekt". Bei diesem Effekt scheint sich ein stationärer Lichtpunkt aufgrund der natürlichen ruckartigen Augenbewegung zu bewegen, wenn er in einem dunklen Raum unter Abwesenheit objektiver Referenzpunkte fixiert wird.

In Sherifs Untersuchung sollten die Untersuchungspersonen, die das autokinetische Phänomen nicht kannten, in einer Serie von Durchgängen mündlich angeben, wie weit sich der jeweils präsentierte Lichtpunkt ihrer Einschätzung nach bewegte. Gaben sie ihre Urteile alleine ab, entwickelte sich im Verlauf der Durchgänge eine persönliche Norm (d.h., die Einschätzungen variierten immer dichter um einen bestimmten Schätzwert, der von Person zu Person unterschiedlich war). Schon nach wenigen Durchgängen in einer Gruppe konvergierten die Einschätzungen allerdings auf eine gemeinsame mittlere Position (die Gruppennorm), an der sich die Untersuchungspersonen auch dann noch orientierten, wenn sie später wieder alleine urteilten. Letzterer Befund ist besonders relevant, da er nahelegt, dass die Personen ihre ursprüngliche (persönliche) Norm aufgegeben hatten, weil sie davon überzeugt waren, die Schätzung der Gruppe sei korrekter als ihre individuelle Schätzung.

2.1.2 Normativer Einfluss

Im Unterschied zu informationalem Einfluss beruht normativer Einfluss auf dem Bedürfnis nach Zugehörigkeit und sozialer Anerkennung.

Normativer Einfluss: Sozialer Einfluss, der darauf beruht, dass man die Erwartungen der Majorität erfüllen und negative Sanktionen bei normabweichendem Verhalten vermeiden möchte.

In einer Serie paradigmatischer Experimente zeigte Asch (1956), dass Menschen sich auch dann der Position einer Majorität anpassen, wenn diese einen Sachverhalt ganz offensichtlich falsch beurteilt. Im Standardexperiment dieser Serie sollten die Untersuchungspersonen in einer Folge von 18 Durchgängen jeweils entscheiden, welche von drei Vergleichslinien die gleiche Länge wie eine Referenzlinie aufwies (Abb. 2.1). Diese Aufgabe war so einfach, dass in einer Kontrollbedingung, in der die Untersuchungspersonen allein anwesend waren, 95 % der Untersuchungspersonen keinen einzigen Fehler machten. Anders verhielt es sich hingegen in der Experimentalgruppe, in der die Untersuchungspersonen ihr Urteil abgaben, nachdem zuvor mehrere andere Personen (tatsächlich Assistenten der Versuchsleitung) einstimmig und öffentlich ein falsches Urteil abgegeben hatten. Unter dieser Bedingung waren fast 37 % der von den Untersuchungspersonen insgesamt abgegebenen Urteile falsch und entsprachen dem Urteil der Majorität.

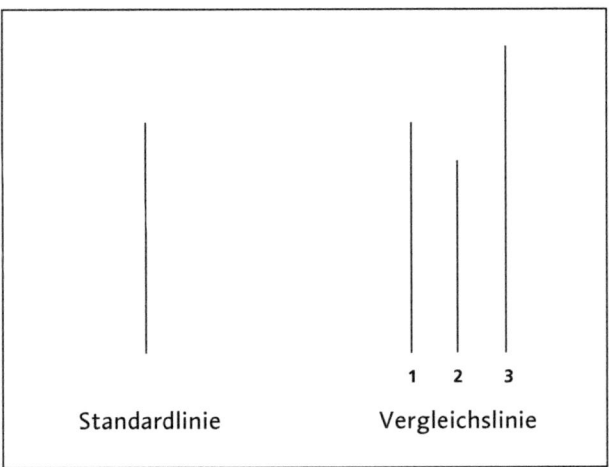

Abb. 2.1 Illustration des Stimulusmaterials, das in den Konformitätsstudien von Asch verwendet wurde (nach Asch 1956)

Es ist wichtig zu beachten, dass nicht jede Untersuchungsperson gleich viele Fehleinschätzungen abgab – tatsächlich zeigte sich eine deutliche interindividuelle Varianz. Nichtsdestotrotz bleibt bemerkenswert, dass über eine Serie von drei Experimenten hinweg nur 24% der Untersuchungspersonen der Experimentalgruppe sich in keinem der Durchgänge vom Majoritätsurteil beeinflussen ließ und immer die korrekte Antwort gab.

Wenn Menschen sich in öffentlichen Situationen normenkonform verhalten, ohne dass sie die entsprechende Norm privat akzeptieren, wird dies als „compliance" bezeichnet. Bei Untersuchungen mit dem „Asch-Paradigma" ist der Effekt des normativen Einflusses bereits zu beobachten, wenn eine Person mit zwei Personen konfrontiert ist, die einstimmig eine andere Meinung vertreten. Zusätzliche Personen führen zu vergleichsweise geringeren Effektsteigerungen. Es bedarf also nicht unbedingt einer zahlenmäßig extrem überlegenen Majorität, um Konformität auf der Basis von normativem Einfluss zu erzeugen.

Welche situativen Bedingungen begünstigen (oder unterminieren) Konformität aufgrund normativen Einflusses? Begünstigend wirkt sich insbesondere die öffentliche Identifizierbarkeit der eigenen Position aus. Tatsächlich reduzierte sich die Konformität der Untersuchungspersonen in Untersuchungen mit dem Asch-Paradigma drastisch, wenn die Untersuchungsperson ihr Urteil nicht durch ein öffentlich sichtbares Handzeichen, sondern schriftlich (geheim) abgeben konnte. Konformes Verhalten wird auch dann weniger wahrscheinlich, wenn die Einstimmigkeit der Majorität durch „Abweichlerinnen" oder „Abweichler" untergraben wird. In einer Variation des Asch-Paradigmas gab ein Assistent des Versuchleiters unmittelbar vor der Untersuchungsperson ein korrektes Urteil ab. Das Ausmaß der Tendenz zur Konformität verringerte sich dadurch drastisch – auf 5,5%.

Um herauszufinden, ob die Abnahme der Konformität durch das Aufbrechen der Einstimmigkeit der Majoritätsmeinung bedingt war oder dadurch, dass die Untersuchungsperson soziale Unterstützung für ihre eigene Meinung vermutete, kreierte Asch eine weitere Bedingung. Der Assistent gab nun ebenfalls ein von der Majorität abweichendes Urteil ab, dieses war jedoch ebenfalls falsch. Die Ergebnisse zeigten, dass diese Abweichung im Hinblick auf die Reduktion von Konformität ebenso wirksam war wie ein korrektes Urteil. Dieser Befund unterstreicht, wie wichtig „Abweichler" oder „Abweichlerinnen" als Rollenmodelle für Widerstand gegen Konformitätsdruck sind – eine Schlussfolgerung, die durch eine Reihe ähnlicher Untersuchungen untermauert wird (Allen 1975).

2.2 Minoritätseinfluss und Majoritäts-Minoritätsunterschiede

Die bisherige Darstellung mag den Eindruck erwecken, dass sozialer Einfluss unidirektional verläuft – die Majorität übt Einfluss auf eine Minorität aus. Allerdings existieren zahlreiche historische Beispiele dafür, dass Erneuerung und Fortschritt in Wissenschaft, Kunst oder Politik dadurch ausgelöst wurden, dass Majoritäten Positionen übernommen haben, die ursprünglich nur von Einzelpersonen oder Minoritäten innerhalb der Gruppe (oder Gesellschaft) vertreten wurden – man denke an Galileo, Freud oder Marx oder an die Einflüsse sozialer Bewegungen wie der Anti-Atomkraftbewegung oder der Umweltbewegung.

2.2.1 Minoritätseinfluss

Diese Beobachtungen führten den Sozialpsychologen Moscovici zur Entwicklung seiner einflussreichen „Theorie des Minoritätseinflusses" (Moscovici 1976). Dieser Theorie zufolge ist der Minoritätseinfluss eine entscheidende Triebkraft für Innovation und sozialen Wandel innerhalb von Gruppen und Gesellschaften (Majoritäten sorgen hingegen eher für Stabilität und Traditionalismus). Die Wirksamkeit von Minoritätseinfluss hängt der Theorie von Moscovici zufolge entscheidend vom Verhaltensstil der Minorität ab: Eine Minorität wird insbesondere dann erfolgreich (informationalen) sozialen Einfluss ausüben, wenn sie ihren abweichenden Standpunkt *konsistent* vertritt, d.h., wenn sie ihre Position einstimmig und über die Zeit hinweg aufrechterhält.

Um ihre Hypothesen zum Minoritätseinfluss zu testen, verwendeten Moscovici, Lage und Naffrechoux (1969) ein „Spiegelbild" des Paradigmas von Asch. In Sechsergruppen (vier tatsächliche Untersuchungspersonen und zwei als Untersuchungspersonen „getarnte" Assistenten der Versuchsleitung) sollte die Farbe einer Serie von Dias beurteilt werden (alle Dias waren blau, variierten aber hinsichtlich der Helligkeit). Wenn die beiden Assistenten der Versuchsleitung in allen Durchgängen darauf bestanden, dass die Dias grün waren, schloss sich tatsächlich ein kleiner aber statistisch bedeutsamer Teil der Untersuchungspersonen in mindestens einem Durchgang dieser Einschätzung an. Wenn sie sich allerdings inkonsistent verhielten, war kein Einfluss auf die Einschätzungen der Mehrheit nachzuweisen. Diese Befunde sind repräsentativ für weitere Forschungsergebnisse, die den Einfluss konsistent auftretender Minoritäten auf die Majorität belegen.

Im Rahmen seiner „Konversionstheorie" postuliert Moscovici (1980), dass Minoritätseinfluss und Majoritätseinfluss auf unterschiedlichen psychologischen Prozessen beruhen – ersterer auf *Validierungsprozessen* (d.h. auf systematischer Verarbeitung der Minoritätsargumente aufgrund eines kognitiven Konfliktes zwischen eigener und Minoritätsmeinung) und letzterer auf *Vergleichsprozessen* (d.h. auf relativ oberflächlicher Verarbeitung, die durch das Bedürfnis geprägt ist, die durch einen Meinungskonflikt entstehende Bedrohung der eigenen Zugehörigkeit zur Majorität durch Anpassung aufzulösen). Seiner Auffassung nach sollte Minoritätseinfluss daher eher zu privater Akzeptanz (Konversion), Majoritätseinfluss hingegen eher zu „compliance" führen. Die empirische Befundlage ist diesbezüglich allerdings nicht einheitlich. Einerseits gibt es Belege dafür, dass sowohl Einflussversuche von Minoritäten als auch von Mehrheiten innerhalb von Gruppen systematische Verarbeitungsprozesse bewirken können. Andererseits gibt es auch Belege dafür, dass Einstellungen, die durch Minoritätseinfluss zustande gekommen sind, resistenter gegen Veränderung sind – was im Einklang mit den ursprünglichen Überlegungen von Moscovici steht (z.B. Martin et al. 2007).

2.2.2   Die Rolle von Gruppenidentifikation

Verschiedene Forscherinnen und Forscher haben darauf hingewiesen, dass die Eigen- und Fremdgruppenbeziehung zwischen der Quelle des sozialen Einflussversuches und der eigenen Person von zentraler Bedeutung für die Effektivität von sozialem Einfluss ist (z.B. Mugny et al. 1995). David und Turner (2001) gehen in ihrer Analyse sozialer Einflussprozesse auf der Basis der „Selbstkategorisierungstheorie" davon aus, dass nur diejenigen Personen sozialen Einfluss ausüben können, die auf für den Einfluss relevanten

Dimensionen als ähnlich zum eigenen Selbst wahrgenommen werden. Es sollte daher dann zu sozialem Einfluss kommen, wenn

- die Einflussquelle(n) als Mitglied(er) der Eigengruppe wahrgenommen wird/werden (Einflussversuche von Fremdgruppenmitgliedern sollten hingegen zurückgewiesen werden) und
- die Position der Quelle(n) relativ prototypisch für die Eigengruppe ist (d.h., sie ist typisch für die Eigengruppe, aber wenig typisch für die Fremdgruppe).

Aus diesen Annahmen folgt auch, dass Minoritäten nur dann Einfluss ausüben können, wenn sie von der Person als Teil der Eigengruppe definiert werden. Dem Minoritätseinfluss muss daher eine Form der Rekategorisierung vorausgehen, durch welche die Minorität nicht länger als Fremdgruppe, sondern als Teil einer Eigengruppe wahrgenommen wird (z.B. als Teil einer gemeinsamen Wertegemeinschaft). Empirische Belege sprechen dafür, dass sich Menschen im Einklang mit der Selbstkategorisierungstheorie typischerweise eher von (prototypischen) Mitgliedern ihrer eigenen Gruppe beeinflussen lassen. Dennoch kann unter bestimmten Bedingungen auch Einfluss von Fremdgruppenmitgliedern ausgeübt werden (z.B. dann, wenn die von der Minorität vertretene Position besonders stark mit Eigengruppennormen konfligiert) (zum Überblick: Pérez/Mugny 1998).

2.3   Sozialer Einfluss durch Autoritäten

Bislang haben wir uns damit befasst, weshalb sich Personen durch Gruppenmitglieder beeinflussen lassen, die den gleichen Status haben wie sie selbst. Ein anderer Fall liegt vor, wenn Einfluss von einer Autorität innerhalb der Gruppe ausgeübt wird. Im Folgenden werden wir uns zuerst mit dem Phänomen des Gehorsams gegenüber Autoritäten beschäftigen. Anschließend präsentieren wir Forschungsarbeiten, die sich mit der wahrgenommenen Behandlung durch Autoritäten als zentraler Determinante der Bereitschaft befassen, sich gruppenkonform zu verhalten.

2.3.1   Gehorsam gegenüber Autoritäten

Eine Vielzahl von Studien belegt, dass ein hoher formeller oder informeller Status die Möglichkeiten deutlich erhöht, Meinungen und Verhaltensweisen anderer Personen zu beeinflussen. Zu den vielleicht eindrücklichsten Forschungsarbeiten in diesem Kontext gehören die Arbeiten von Milgram (1974).

In einer als Lernexperiment getarnten Untersuchung wurde psychisch unauffälligen erwachsenen Untersuchungspersonen unterschiedlicher sozialer Herkunft die Rolle eines „Lehrers" zugeteilt, dessen Aufgabe es war, falsche Antworten eines „Schülers" durch die Applikation von Elektroschocks zu bestrafen (angeblich um herauszufinden, wie sich Bestrafung auf Lernen auswirkt). Bei dem Schüler handelte es sich vermeintlich um eine andere Untersuchungsperson, tatsächlich war der Schüler aber ein Assistent des Versuchsleiters. Der Schüler wurde im angrenzenden Raum an einen Stuhl geschnallt und an seinem Arm wurden Elektroden befestigt. Der Versuchsleiter wies die Person in der Lehrerrolle an, beim ersten Fehler des Schülers über einen Schockgenerator einen Schock von 15 Volt zu applizieren und die Dosis mit jedem weiteren Fehler um 15 Volt bis zu 450 Volt zu erhöhen.

Der Schüler gab bei den ersten Durchgängen zunächst die richtigen Antworten, machte dann jedoch wiederholt Fehler. In einer Serie von Experimenten beobachtete Milgram, dass ein hoher Prozentsatz der Untersuchungspersonen dem Schüler als Bestrafung für falsche Antworten intensive elektrische Schocks verabreichte – und dies, obwohl diese Untersuchungspersonen glaubten, die Schocks wären sehr schmerzhaft und sogar lebensbedrohlich für die andere Person. Beginnend mit der Applikation von 75 Volt konnten die Untersuchungspersonen hören, wie der Schüler schmerzhafte Schreie ausstieß, ab einer Dosis von 150 Volt bat der Schüler den Versuchsleiter darum, das Experiment abzubrechen. Nichtsdestotrotz folgte ein Großteil der Untersuchungspersonen den Aufforderungen des Versuchsleiters, das Experiment fortzusetzen. Über 60 % waren sogar bereit, die Maximaldosis von 450 Volt zu applizieren.

Als Milgram seine Experimente durchführte, herrschte in der Wissenschaft (und der weiteren Gesellschaft) die Auffassung vor, nur Personen, die einen besonders obrigkeitshörigen Charakter hätten, wären zu destruktivem Gehorsam bereit (→ Abschnitt zur autoritären Persönlichkeit in Kapitel 4). Milgrams Experimente legen hingegen nahe, dass auch der „Durchschnittsmensch" dazu gebracht werden kann, einer Autorität Folge zu leisten, selbst wenn das geforderte Verhalten gegen eigene Werte und Überzeugungen verstößt. Wie lässt sich dies erklären?

Normativer Einfluss: In den Experimenten von Milgram machte es der normative Druck den Untersuchungspersonen schwer, die Vergabe von Schocks für fehlerhafte Antworten des Schülers zu verweigern. Der Versuchsleiter war bemüht, die Untersuchungspersonen gezielt durch autoritäres Auftreten und strenge Instruktionen dazu zu bringen, Gehorsam zu leisten. Diese Instruktionen waren streng standardisiert. Falls eine Untersuchungsperson keine Schocks verabreichen wollte, folgte eine erste Instruktion („Bitte machen Sie weiter!"); war diese nicht erfolgreich, folgte eine zweite („Das Experiment verlangt es, dass sie weitermachen!"), danach eine dritte („Es ist absolut essenziell, dass sie weitermachen!") und schließlich eine vierte Instruktion („Sie haben keine andere Wahl, Sie müssen weitermachen."). Wenn eine Autoritätsperson so darauf besteht, dass man gehorcht, ist es für viele Menschen schwierig, sich zu widersetzen.

Informationaler Einfluss: Der Versuchsleiter war zwar autoritär und fordernd, nichtsdestotrotz wurden die Untersuchungspersonen in keiner Weise bedroht, und es war ihnen freigestellt, aufzustehen und zu gehen. Warum taten viele von ihnen dies also nicht? Hier kommt die Macht informationalen Einflusses ins Spiel. Wie wir bereits erläutert haben, ist informationaler Einfluss insbesondere in mehrdeutigen, unklaren oder neuen Situationen wirksam, für welche die Menschen keine Verhaltensroutinen haben. In diesen Situationen orientieren sich Menschen an anderen Personen. Eine solche Situation stellte auch die Untersuchungssituation dar: Der Schüler schrie zwar vor Schmerz, der Versuchsleiter erklärte aber, dass die Schocks keinen dauerhaften Schaden anrichten würden, auch wenn sie schmerzhaft seien. Die Untersuchungspersonen befanden sich in einer Dilemmasituation – einerseits wollten sie niemanden verletzen, andererseits hatten sie eingewilligt, an einer wissenschaftlichen Untersuchung teilzunehmen. Diese Dilemmasituation begünstigte, dass sich die Untersuchungspersonen am Versuchsleiter (einem Experten) orientierten, um eine Entscheidung zu treffen, und sich auf seine Einschätzungen verließen.

Die Annahme, dass informationaler Einfluss eine wichtige Rolle spielte, wird insbesondere durch folgende Variation des Paradigmas unterstützt: In einer Bedingung gaben zwei Versuchsleiter der Untersuchungsperson die Instruktionen. Als der Schüler das erste Mal aufschrie, fingen sie an, darüber zu diskutieren, ob sie das Experiment fortsetzen sollten. In dieser Situation hörten 100% der Untersuchungspersonen auf, den nachfolgenden Instruktionen Folge zu leisten. Wichtig ist auch hier: Nicht die Schreie des Schülers haben die Untersuchungsperson dazu gebracht, nicht mehr zu gehorchen. Vielmehr wurde der Expertenstatus der Versuchsleiter durch ihre Uneinigkeit infrage gestellt – sie dienten also nicht mehr als vertrauenswürdige Quellen im Hinblick auf die Einschätzung, was das angemessene Verhalten in der Situation war.

Selbstrechtfertigung: Schließlich ist ein weiterer psychologisch relevanter Aspekt des Experimentes erwähnenswert. Der Versuchsleiter wies die Untersuchungspersonen an, die Schocks graduell zu erhöhen. Die Untersuchungspersonen standen jeweils der Entscheidung gegenüber, die Dosis um weitere 15 Volt zu erhöhen. Da sie dieser Dosis schon zu Beginn der Untersuchung zugestimmt hatten, wurde es mit jeder nachfolgenden Entscheidung für sie schwieriger zu entscheiden, an welchem Punkt sie nicht weitermachen würden – es waren ja immer nur 15 Volt Erhöhung. Anders hätte es sich verhalten, wenn die Untersuchungsperson einmal eingewilligt hätte, einen Schock von 15 Volt zu applizieren und anschließend aufgefordert worden wäre, die Dosis um 200 Volt zu erhöhen – dies wäre eine neue Entscheidungssituation gewesen.

Durch experimentelle Variationen seines Paradigmas erbrachte Milgram auch aufschlussreiche Hinweise darauf, in welchen Situationen die Bereitschaft zu Gehorsam abnimmt. Dies war u.a. der Fall, wenn

- die Distanz zum „Opfer" verringert wurde,
- die Legitimität der Autoritätsperson infrage stand oder
- andere Teilnehmer (Assistenten des Versuchsleiters) sich weigerten, zu gehorchen (dieser Befund unterstreicht erneut die Bedeutung von „Abweichlern" als Rollenmodelle für Widerstand).

Das experimentelle Vorgehen Milgrams löste heftige Kontroversen über die ethischen Grenzen psychologischer Forschung aus. Milgram brachte seine Untersuchungspersonen in eine psychisch hochgradig belastende Situation. Viele der Untersuchungspersonen, die der Autorität Folge geleistet hatten, litten im Nachhinein unter Schuldgefühlen. Ein Ergebnis dieser Kontroverse sind die heute geltenden Ethikrichtlinien für psychologische Forschung, nach denen Experimente wie jene zu Gehorsamsverhalten von Milgram nicht zulässig sind.

Burger (2009) hat eine Teilreplikation der Milgram-Experimente durchgeführt, die den heute geltenden ethischen Standards Rechnung trägt, da sie nur bis zu dem Punkt der Originalstudie durchgeführt wurde, an dem die Teilnehmer die ersten Proteste des „Schülers" hörten (150 Volt). Da 79% der Teilnehmenden in der Originalstudie, die über diesen Punkt hinausgingen, im Verlauf des Experiments bis zur maximalen Schockapplikation gingen, eröffnet sich die Möglichkeit, den Prozentsatz der Teilnehmenden zu schätzen, die auch in der Replikation bis zu diesem Punkt gegangen wären. Die Rate für Gehorsamkeit im Experiment aus dem Jahr 2009 lag nur geringfügig unter der von Milgram 45 Jahre zuvor berichteten Rate. Im Unterschied zu den Originalexperimenten hatte die Weigerung eines anderen Teilnehmers (Assistenten des Versuchsleiters) keinen Effekt auf die Gehorsamkeitsrate.

In jüngerer Zeit sind neue theoretische Interpretationsansätze für die Befunde der Milgram-Experimente angeboten worden. So argumentieren Reicher und Haslam (2011) auf der Grundlage des sozialen Identitätsansatzes, dass die psychologische Voraussetzung für den beobachteten Gehorsam die Wahrnehmung einer gemeinsamen sozialen Identität ist: Die Teilnehmenden sehen sich und den Versuchsleiter als Teil einer Gruppe, die eingebettet ist in den normativen Kontext der Wissenschaft und etwas zum wissenschaftlichen Fortschritt beitragen kann. Dies wiederum ist Voraussetzung dafür, dass sie den Anweisungen des Versuchsleiters folgen. Die Autoren argumentieren daher, dass es sich bei den beobachteten Phänomenen weniger um Gehorsam handelt, sondern vielmehr um Gefolgschaft im Kontext einer Eigengruppensituation und das Bemühen, dem kollektiven Interesse (wissenschaftlicher Fortschritt) nachzukommen. Ob diese Interpretation zutrifft, wird durch weitere Studien zu klären sein.

2.3.2 Die Bedeutung der wahrgenommenen Behandlung durch Gruppenautoritäten

Das „Group-Engagement-Modell" liefert einen weiteren Erklärungsansatz dafür, wie Autoritäten Einstellungen und Verhaltensweisen von Gruppenmitgliedern beeinflussen (zum Überblick: Tyler/Blader 2003). Im Mittelpunkt steht hier allerdings nicht allein die Interaktion zwischen Autorität und individuellem Gruppenmitglied, sondern die Implikationen dieser Interaktion für die Beziehung zwischen Individuum und Gruppe. Das Modell integriert Annahmen der sozialpsychologischen Gerechtigkeitsforschung, insbesondere der Forschung zur prozeduralen Gerechtigkeit mit dem sozialen Identitätsansatz.

Prozedurale Gerechtigkeit beinhaltet die subjektive Wahrnehmung, dass Autoritäten innerhalb der Gruppe (z.B. Führungskräfte, Expertinnen oder Experten, Lehrerinnen und Lehrer) der eigenen Person in Entscheidungsprozessen fair und unvoreingenommen gegenüberstehen und ihr die Möglichkeiten geben, Entscheidungen, die sie selbst betreffen, mit zu beeinflussen. Tyler et al. zufolge kommuniziert eine prozedural gerechte Behandlung durch Autoritäten zwei Kernbotschaften im Hinblick auf die soziale Identität des individuellen Gruppenmitglieds: Zum einen signalisiert sie, dass die Person von den Autoritäten als vollwertiges Gruppenmitglied respektiert wird. Zweitens kommuniziert diese Behandlung auch, dass die Person stolz auf ihre Gruppe sein kann, da die gerechte Behandlung durch die Autoritäten die moralischen Werte und Prinzipien der Gruppe insgesamt reflektiert. Dem „Group-Engagement-Modell" zufolge führen Respekt und Stolz zu einer Stärkung der Identifikation mit der Eigengruppe. Dies wiederum verstärkt die Effektivität sozialer Einflussprozesse durch andere Gruppenmitglieder (sowohl im Sinne informationalen als auch im Sinne normativen Einflusses), was schließlich zu Verhaltensweisen führt, die konform zu den Zielen der Gruppe und ihren Normen sind (Abb. 2.2).

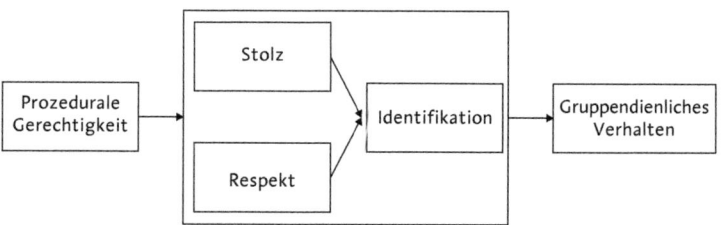

Abb. 2.2 Das Group-Engagement-Modell (modifiziert nach Tyler/Blader 2003)

Abschließend ist zu betonen, dass die Annahmen des „Group-Engagement-Modells" zur Bedeutung der Qualität der intragruppalen Behandlung nicht nur auf die Behandlung durch Autoritäten beschränkt sind. So wiesen andere Untersuchungen darauf hin, dass eine faire Behandlung durch statusgleiche Gruppenmitglieder ebenfalls eine wichtige Quelle für intragruppalen Respekt bzw. für die Identifikation mit der Eigengruppe ist (Stürmer et al. 2008).

3 Arbeiten und Entscheiden in Gruppen

In diesem Kapitel befassen wir uns näher mit der Frage, wie die Interaktionen mit anderen Personen die individuelle Leistung und die Gruppenleistung beeinflussen.

3.1 Effekte der bloßen Anwesenheit anderer Personen

Führt die bloße Anwesenheit anderer Personen zu einer Leistungssteigerung oder zu einer Leistungsminderung im Vergleich zu Situationen, in denen die Person die Aufgabe allein bearbeitet? Nach Forschungsarbeiten zur sozialen Erleichterung hängt dies maßgeblich von der Art der Aufgabe ab, die eine Person in Anwesenheit anderer bearbeitet (Bond/Titus 1983). Bei der Bearbeitung leichter oder hoch überlernter Aufgaben sollte die bloße Anwesenheit anderer zu einer Leistungssteigerung führen („soziale Erleichterung"). Bei Aufgaben, die komplex oder neu sind oder deren Bewältigung noch nicht gut erlernt wurde, sollte sich die Anwesenheit anderer hingegen negativ auf die Leistung auswirken („soziale Hemmung").

Im Mittelpunkt der Erklärungsansätze zu diesem Phänomen steht die Annahme, dass die Anwesenheit anderer zu einer gesteigerten körperlichen Erregung führt. Diese wiederum verstärkt die Wahrscheinlichkeit der Ausübung dominanter Reaktionen (z.B. Verhaltensweisen für die, aufgrund häufiger Ausübung, Routinen vorliegen). Bei einfachen oder hoch überlernten Aufgaben ist die Wahrscheinlichkeit hoch, dass die dominante Reaktion die angemessene Reaktion ist – es kommt daher zur Leistungssteigerung. Bei komplexen, neuen oder unzureichend erlernten Aufgaben hingegen ist die Wahrscheinlichkeit hoch, dass die dominante Reaktion nicht zur Lösung führt – es kommt daher zur Leistungsminderung. Als Ursachen für die Zunahme von Erregung durch die Anwesenheit anderer werden u.a. folgende drei Faktoren diskutiert:

■ **biologische Faktoren:** Biologische Untersuchungen zeigen, dass die körperliche Anwesenheit von Mitgliedern derselben Spezies zu einer angeborenen Zunahme der Erregung führt.

■ **Bewertungsangst:** Die Sorge, von anderen aufgrund der eigenen Leistung bewertet zu werden, führt zu einer Zunahme körperlicher Erregung.

■ **Ablenkung:** Aufgrund der Anwesenheit anderer kommt es zu einem Aufmerksamkeitskonflikt durch Ablenkung, der zu einer Erregungssteigerung führt.

Die Prozesse, welche die Effekte der Anwesenheit anderer auf die individuelle Leistung vermitteln, sind in Abb. 3.1 dargestellt.

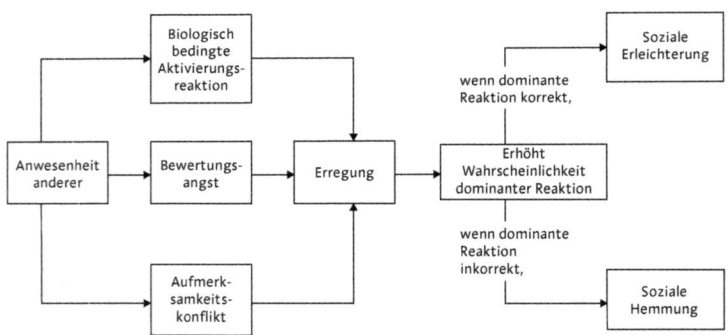

Abb. 3.1   Prozessmodell sozialer Erleichterung und sozialer Hemmung

Eine Reihe von Studien weist zudem auf interindividuelle Unterschiede hin: Personen mit geringem Selbstwertgefühl reagieren in Leistungssituationen in Anwesenheit anderer häufig mit einem ungewöhnlich hohen Erregungsniveau, was sich bei komplexen Aufgaben hemmend auswirkt (Uziel 2007).

3.2   Gruppenleistung

Gruppenarbeit wird häufig eingesetzt, weil man sich davon eine Leistungssteigerung erhofft. Ein wichtiges Kriterium für die Beurteilung der Effizienz von Gruppenarbeit resultiert aus dem Vergleich des Gruppenpotenzials mit der tatsächlichen Gruppenleistung.

Gruppenpotenzial: Die Leistung, die aufgetreten wäre, wenn die Gruppenmitglieder unabhängig voneinander und nicht als Gruppe an der Aufgabe gearbeitet hätten.

Für die Bestimmung des Gruppenpotenzials ist der Typ der Gruppenaufgabe entscheidend (zur Klassifikation von Gruppenaufgaben: Steiner 1972). Bei „additiven" Aufgaben ergibt sich das Gruppenpotenzial aus der Summe der Leistungen der individuellen Mitglieder, wenn sie nicht in einer Gruppe zusammenarbeiten (z.B. Schneeschaufeln). Bei „disjunktiven" Aufgaben muss sich eine Gruppe für genau eines von mehreren Urteilen entscheiden (z.B. Problemlösen). Das Gruppenpotenzial wird hier durch die beste individuelle Leistung eines Mitglieds definiert. Bei „konjunktiven" Aufgaben hingegen ist es erforderlich, dass alle Gruppenmitglieder die Aufgabe erfolgreich abschließen (z.B. Staffellauf). Das Gruppenpotenzial ist durch die individuelle Leistung des schwächsten Mitglieds definiert.

Wenn die tatsächliche Gruppenleistung unterhalb des Gruppenpotenzials liegt, ist es wahrscheinlich, dass Prozessverluste aufgetreten sind; liegt sie oberhalb des Gruppenpotenzials, sind offenbar Prozessgewinne aufgetreten. Dies kommt in folgender Formel von Hackman und Morris (1975) zum Ausdruck:

Tatsächliche Gruppenleistung = Gruppenpotenzial – Prozessverluste + Prozessgewinne

Es werden zwei Arten von Prozessverlusten unterschieden: Koordinationsverluste und Motivationsverluste.

3.2.1 Koordinationsverluste

Zu Koordinationsverlusten kommt es, wenn eine Gruppe nicht in der Lage ist, die individuellen Beiträge ihrer Mitglieder zur Zielerreichung optimal zu koordinieren. Dies kann u. a. folgende Gründe haben:

- Die Aufgabenverteilung innerhalb einer Gruppe ist unklar;
- die individuellen Stärken und Schwächen der einzelnen Mitglieder wurden bei der Zuweisung von Aufgaben und Positionen nicht angemessen berücksichtigt oder
- die Kommunikationsstrukturen und Arbeitsabläufe innerhalb der Gruppe sind ineffektiv.

Das Zustandekommen von Koordinationsverlusten aufgrund ineffektiver Kommunikationsstrukturen und Arbeitsabläufe lässt sich gut anhand von Forschungsergebnissen zur Effektivität von Brainstorming in Gruppen illustrieren. Anders als man vielleicht intuitiv annehmen würde, zeigen Forschungsarbeiten, dass Brainstorming in einer Gruppe typischerweise dazu führt, dass insgesamt weniger (und auch weniger unterschiedliche) Ideen generiert werden, als dies der Fall wäre, wenn die gleiche Anzahl an Personen ihre Ideen alleine generiert hätte (Mullen et al. 1991). Ein Grund hierfür besteht in der Produktionsblockierung: Beim Brainstorming rufen die Gruppenmitglieder ihre spontanen Ideen laut in den Raum. Während eine Person dies tut, ist diese Möglichkeit für die anderen blockiert, was dazu führen kann, dass sie die Idee wieder vergessen oder aus anderen Gründen davon absehen, sie zu äußern.

3.2.2   Motivationsverluste

Die Forschung hat eine Reihe von unterschiedlichen Prozessen identifiziert, die zu Motivationsverlusten beitragen (Baron/Kerr 2003). Hierzu zählen u. a.:

- **soziales Faulenzen:** Sind die individuellen Beiträge der einzelnen Gruppenmitglieder zur Zielerreichung nicht identifizier- bzw. bewertbar, kann es dazu kommen, dass die einzelnen Gruppenmitglieder sich weniger anstrengen.
- **soziales Trittbrettfahren:** Erwarten Gruppenmitglieder, dass sich schon genügend Personen für das gemeinsame Ziel engagieren, können sie darauf spekulieren, das Ziel auch ohne ihr eigenes

Zutun zu erreichen. Dies kann zur Reduktion der eigenen Anstrengung führen.

▨ **Trotteleffekt:** Wenn Gruppenmitglieder annehmen, dass sich
andere Gruppenmitglieder nur wenig engagieren, kann dies
dazu führen, dass sie ihre eigene Anstrengung ebenfalls reduzieren, um nicht als „Trottel" dazustehen, der sich ausnutzen
lässt (Kerr 1983).

Ausmaß und Art der auftretenden Motivationsverluste hängen
vom Aufgabentyp und der Gruppengröße ab. Bei additiven Aufgaben in großen Gruppen können potenziell alle drei Prozesse zur
Leistungsminderung führen. Bei disjunktiven und konjunktiven
Aufgaben ist das soziale Faulenzen typischerweise weniger wahrscheinlich, da die individuellen Beträge identifizierbar sind. Dafür
kann, je nach spezifischer Aufgabe, ein erhöhtes Risiko für Trittbrettfahren und Trotteleffekte bestehen.

3.2.3 Motivationsgewinne

Zusammenarbeit in Gruppen wäre allerdings nicht so verbreitet,
wenn sie nicht effektiv wäre. Tatsächlich kann die Zusammenarbeit auch zu Motivationsgewinnen führen, sodass die tatsächliche Leistung über dem Gruppenpotenzial liegt (Baron/Kerr
2003). Dabei spielen u. a. folgende Prozesse eine Rolle:

▨ **sozialer Wettbewerb:** Sind die individuellen Leistungen der
Gruppenmitglieder identifizierbar bzw. besteht die Möglichkeit
sozialer Vergleiche innerhalb der Gruppe, sind die Mitglieder
einer Gruppe möglicherweise motiviert, besser abzuschneiden
als andere Gruppenmitglieder. Dies kann dazu führen, dass sie
sich innerhalb der Gruppe mehr anstrengen (z.B. Stroebe et al.
1996).

▨ **soziale Kompensation:** Insbesondere in hochkohäsiven Gruppen oder wenn das Erreichen des Gruppenziels hochrelevant
für die einzelnen Mitglieder ist, ist zu beobachten, dass die leis-
tungsstärkeren Mitglieder der Gruppe sich mehr anstrengen, als
sie dies unter individuellen Bedingungen täten, um die Leistungs-
defizite schwächerer Gruppenmitglieder auszugleichen (z.B.
Williams/Karau 1991).

▧ **Köhler-Effekt:** Sind die individuellen Beiträge zum Erreichen des Gruppenziels identifizierbar, kann auch beobachtet werden, dass schwächere Mitglieder der Gruppe mehr arbeiten als sie dies unter individuellen Bedingungen täten, um zu vermeiden, für eine schlechte Gruppenleistung verantwortlich gemacht zu werden (Hertel et al. 2000).

3.2.4 Gruppenzusammensetzung und Diversität

Die Gruppenleistung hängt auch von der Verteilung bestimmter Personenmerkmale innerhalb der Gruppe ab. Gruppen können im Hinblick auf Merkmale ihrer Mitglieder eher heterogen oder eher homogen zusammengesetzt sein. In der Forschungsliteratur wird zwischen zwei Arten der Heterogenität unterschieden:

▧ Heterogenität der Gruppenmitglieder im Hinblick auf unmittelbare aufgabenrelevante Merkmale (z. B. Wissen und Kompetenzen) oder
▧ Heterogenität im Hinblick auf nicht-aufgabenbezogene Merkmale (z. B. ethnischer Hintergrund, Geschlecht oder Alter; van Knippenberg/Schippers 2007).

Die Befundlage zum Einfluss der Gruppenzusammensetzung auf die Gruppenleistung ist komplex. Es kann allerdings festgehalten werden, dass mit zunehmender Heterogenität die Anforderungen im Hinblick auf Koordination und Motivation innerhalb der Gruppe steigen, da Missverständnisse, negative Emotionen und Konflikte zu Prozessverlusten beitragen können (z. B. Milliken/ Martins 1996). Außerdem hängt der Einfluss der Gruppenzusammensetzung von der Art der Heterogenität ab (aufgabenbezogen vs. nicht-aufgabenbezogen). Im Fall der aufgabenbezogenen Heterogenität zeigen Forschungsarbeiten, dass heterogene Gruppen homogenen Gruppen häufig überlegen sind (z. B. Brodbeck et al 2007), allerdings v. a. bei disjunktiven Aufgaben (bei denen die Gruppenleistung vom leistungsstärksten Mitglied abhängt), weil es wahrscheinlicher ist, dass sich unter ihren Mitgliedern eine Person mit hohen Fähigkeitsausprägungen befindet. Bei konjunktiven Aufgaben, bei denen die Gruppenleistung vom schwächsten Mitglied abhängt, ist es genau umgekehrt, da es innerhalb von heterogenen Gruppen auch wahrscheinlicher ist, dass sie leistungsschwache Mitglieder haben.

Nicht-aufgabenbezogene soziodemographische Heterogenität (oftmals auch: Diversität oder „Diversity") kann die Gruppenleistung ebenfalls verbessern, da mit zunehmender Heterogenität oftmals auch eine Vielfalt an Perspektiven, Wissen und Kompetenzen einhergeht. Anderseits besteht die Gefahr der Fragmentierung der Gruppe entlang soziodemographischer Merkmale (z. B. Männer vs. Frauen, jüngere vs. ältere Mitarbeiterinnen und Mitarbeiter). Dadurch erhöht sich die Wahrscheinlichkeit, dass Wahrnehmungen und Interaktionen zwischen den Gruppenmitgliedern durch stereotypische Sichtweisen und Vorurteile (Kapitel 4) geprägt werden. Negative Vorurteile wiederum hemmen kooperative Prozesse, da sie Misstrauen, Unsicherheiten, Konflikt und Feindseligkeiten zwischen Mitgliedern unterschiedlicher Gruppen begünstigen (Brown 2000). Für den Umgang mit soziodemographischer Vielfalt in Arbeitskontexten spielen daher normative Überzeugungen eine wichtige Rolle. So wird das leistungsförderliche Potential in soziodemographisch heterogenen Gruppen dann besser ausgeschöpft, wenn innerhalb der Gruppe soziodemographische Vielfalt nicht nur toleriert, sondern als Bereicherung für das Arbeitsklima und die Leistungsfähigkeit wahrgenommen wird (van Knippenberg/Schippers 2007). Auch aus diesem Grund heben immer mehr Organisationen Diversität als wichtigen Teil der Organisationskultur hervor.

Ihme et al. (2016) haben das Group-Engagement-Modell (Tyler/Blader 2003) (Kapitel 2) herangezogen, um die Effekte sog. Diversity-Statements von Universitäten (z.B. auf deren Webseiten) auf die Einschreibung von Studieninteressierten zu untersuchen. In ihrer Untersuchungsreihe zeigten sie, dass Hinweise auf Diversität der Studierendenschaft Studieninteressenten offenbar zwei Signale senden:

- Das Erste ist: „Du bist bei uns so wie du bist willkommen!" – im Sinne des Group-Engagement-Modells signalisieren Diversitätsinformationen also, dass die Person erwarten kann, in der Universität respektiert zu werden.
- Das zweite Signal ist: „Diese Universität setzt sich für Chancengleichheit und Fairness ein." – im Sinne des Group-Engagement-Modells sind Diversitätsinformationen also ein Signal

dafür, dass die Person stolz auf ihre zukünftige Universität sein kann. Die Antizipation von Stolz und Respekt führte bei den Untersuchungspersonen dazu, dass sie eine höhere Passung zwischen der Universität und sich selbst in Bezug auf Einstellungen, Ideale und Ziele wahrnahmen. Untersuchungen mit tatsächlichen Studieninteressenten zeigten zudem, dass die wahrgenommene Passung einen signifikanten Effekt auf die tatsächliche Einschreibung an der Universität hatte.

3.3 Entscheidungsprozesse in Gruppen

Die Zusammenarbeit in Gruppen erfordert in vielen Fällen gemeinsames Entscheiden. Ähnlich wie bei individuellen Entscheidungen müssen auch hier Informationen verfügbar gemacht und für die Entscheidung herangezogen werden.

3.3.1 Verfügbarkeit entscheidungsrelevanter Informationen

Ein Vorteil von Gruppen besteht darin, dass sie mehr Wissen speichern können als ein einzelnes Individuum, indem sie die Speicherung über unterschiedliche Köpfe hinweg aufteilen können.

> **Transaktives Gedächtnis:** Die Aufteilung einer Erinnerungsaufgabe innerhalb einer Gruppe, die es einzelnen Gruppenmitgliedern ermöglicht, vom bereichsspezifischen Wissen und der Expertise anderer Gruppenmitglieder zu profitieren. Andere Gruppenmitglieder dienen damit als „externer Gedächtnisspeicher".

Forschungsarbeiten zum transaktiven Gedächtnis zeigen, dass eine Gruppe als Einheit typischerweise mehr korrekte Informationen zu einem Sachverhalt erinnert als dies eine Einzelperson tut (Weldon 2001). Damit dieses verteilte Wissen allerdings in Gruppenentscheidungen eingeht, ist es wichtig, dass die Gruppenmitglieder wissen, wer über welches Wissen verfügt, um – darauf aufbauend – zu entscheiden, wer welche Aufgaben erfüllt. In diesem Zusammenhang spielt die gemeinsame Erfahrung eine wichtige Rolle: So belegen zahlreiche Studien, dass Mitglieder erfahrener

Gruppen ihre Aufgaben aufgrund ihres differenzierten transaktiven Gedächtnisses schneller und genauer erfüllen als Mitglieder neu gegründeter Gruppen (Hollingshead et al. 2012).

3.3.2   Nutzung von Informationen

Die Nutzung des innerhalb einer Gruppe vorhandenen Wissens kann durch unterschiedliche Prozesse beeinträchtigt werden (z.b. durch die oben bereits dargestellten Motivations- oder Koordinationsverluste). Im Folgenden werden wir uns mit dem Einfluss von Majoritäts- und Minoritätsprozessen im Kontext von Gruppenentscheidungen bzw. der Nutzung von Wissen befassen. Ein gut belegtes Phänomen in diesem Zusammenhang ist die „Gruppenpolarisation".

Gruppenpolarisation: Die Tendenz von Gruppen im Anschluss an Gruppendiskussionen Positionen zu vertreten, die extremer sind als der Durchschnitt der ursprünglich von den individuellen Gruppenmitgliedern vertretenen Positionen.

Eine Erklärung für dieses Phänomen basiert auf der Annahme, dass Majoritäten gegenüber Minoritäten in Gruppendiskussionen über eine Reihe von „strategischen" Vorteilen zur Ausübung von sozialem Einfluss verfügen:

- **Majoritätsargumente sind zahlreicher:** Je mehr Mitglieder einer Gruppe eine bestimmte Position vertreten, desto mehr unterschiedliche Argumente für diese Position liegen aller Wahrscheinlichkeit nach innerhalb der Gruppe vor. Wenn Gruppenmitglieder überzeugende Argumente hören, die sie vorher nicht berücksichtigt haben, steigt die Wahrscheinlichkeit, dass sie sich diesen Argumenten anschließen (Hinsz/Davis 1984).
- **Majoritätsargumente werden häufiger diskutiert:** Forschungsarbeiten zum Wissensaustausch in Gruppen zeigen, dass Informationen, über die mehrere Mitglieder verfügen (sozial geteilte Informationen), typischerweise häufiger diskutiert werden als Informationen, über die nur ein Mitglied verfügt – eine Tendenz, die dazu führen kann, dass entscheidungsrelevante Informationen systematisch vernachlässigt werden (z.B. Stasser/Stewart

1992). Durch die überproportionale Diskussion der sozial geteilten Argumente erfährt die Majoritätsposition weitere Bestätigung.

▨ **Majoritätsargumente werden von mehr unabhängigen Quellen vertreten:** Forschungsarbeiten zeigen, dass es überzeugender wirkt, wenn dasselbe Argument von drei unterschiedlichen Personen vertreten wird, als wenn eine Person das identische Argument dreimal wiederholt. Solange die Personen als unabhängig voneinander wahrgenommen werden, wirkt die Wiederholung durch andere Personen als Bestätigung für die Gültigkeit bzw. Korrektheit des Arguments.

▨ **Majoritätsargumente werden überzeugender präsentiert:** Von einer Majorität abzuweichen, wird häufig als unangenehm und verunsichernd erlebt. Dies schlägt sich auch im Argumentationsstil nieder. Gruppenmitglieder hören also nicht nur mehr Argumente, die die Majoritätsposition unterstützen, diese werden häufig auch überzeugender präsentiert.

Alle genannten Faktoren erhöhen die Wahrscheinlichkeit, dass das Wissen von Majoritäten stärker genutzt wird als das Wissen von Minoritäten (es sei denn bei der Minorität handelt es sich um anerkannte Expertinnen oder Experten). Gruppenpolarisation lässt sich damit erklären, dass Gruppenmitglieder, die bislang unentschlossen waren oder andere Positionen vertreten haben, sich von der Majorität eher überzeugen lassen, was zu einer Verschiebung der durchschnittlichen individuellen Position in Richtung der Majoritätsposition führt.

Gruppenpolarisation kann zu Fehlentscheidungen führen – allerdings muss dies nicht zwangsläufig der Fall sein. Unter bestimmten Umständen entwickeln sich in Gruppen allerdings Prozesse, die systematisch zu Fehlentscheidungen führen. Janis (1972) hat für derartig defizitäre Entscheidungsprozesse den Begriff des „Gruppendenkens" geprägt.

Gruppendenken: Ein defizitärer Entscheidungsprozess in hochkohäsiven Gruppen, bei dem das Streben nach einer konsensual geteilten Entscheidung derart im Vordergrund steht, dass relevante Fakten und mögliche Handlungsalternativen nicht berücksichtigt werden.

Nach Janis wird Gruppendenken durch verschiedene externe und interne Faktoren gefördert. Externe Faktoren sind z.b. Stress und Zeitdruck durch eine äußere Bedrohung. Als förderlicher intragruppaler Faktor ist z.b. ein Mangel an verbindlichen Prozeduren zu nennen, die eine systematische Berücksichtigung aller relevanten Fakten gewährleisten.

Das Konzept des Gruppendenkens wurde von einer Reihe von Forschern untersucht und kritisiert (z.b. Paulus 1998). Übereinstimmung besteht allerdings bei der Einschätzung, dass ein Hauptgrund für Fehlentscheidungen im Sinne von Gruppendenken in der mangelnden Berücksichtigung (oder sogar gezielten Unterdrückung) von Wissen besteht, über das nur einzelne Gruppenmitglieder („Abweichler") verfügen. Entscheidungsprozesse in Gruppen sollten daher so strukturiert sein, dass alle relevanten Informationen, die einzelnen Mitgliedern vorliegen, in der Gruppe systematisch gesammelt und verarbeitet werden können.

3.4   Führung

Entscheidungsprozesse und Kooperation lassen sich durch effektive Führung von Gruppen optimieren. Im Folgenden werden Kernannahmen einflussreicher Ansätze der sozialpsychologischen Führungsforschung dargestellt.

3.4.1   Eigenschaftsorientierte Ansätze

Führung: Ein Prozess der sozialen Einflussnahme, durch den ein oder mehrere Mitglieder einer Gruppe andere Gruppenmitglieder motivieren und befähigen, etwas zur Erreichung der Gruppenziele beizutragen.

Die meisten der frühen Ansätze zu Führungsverhalten, die in der ersten Hälfte des vergangenen Jahrhunderts entwickelt wurden, konzentrierten sich auf die Untersuchung bestimmter Persönlichkeitseigenschaften, Fertigkeiten und Verhaltensweisen von Führungspersonen. Eine gemeinsame Grundannahme dieser Perspektive besteht darin, dass die Eigenschaften, die Führungspersonen für ihre Rolle qualifizieren, angeboren sind. Dementsprechend muss man für Führungspositionen „geboren" sein. Die empirisch ermittelten Zusammenhänge zwischen den vermuteten relevanten Eigenschaften von Führungskräften (z.b. Intelligenz) und Führungserfolg sind häufig allerdings relativ gering (z.b. Judge et al. 2002). Die in den nachfolgenden Jahren entwickelten Ansätze wendeten sich daher verstärkt den situativen Bedingungen zu, unter denen bestimmte Charakteristika von Führungspersonen oder ein bestimmtes Führungsverhalten den Führungserfolg begünstigen.

3.4.2   Kontingenzansätze

Kontingenzansätze gehen davon aus, dass die Effektivität von Führung aus einem Zusammenspiel von Merkmalen der Führungsperson und Merkmalen der Führungssituation resultiert. Der Ansatz von Fiedler (1971), einer der einflussreichsten Kontingensansätze, postuliert, dass sich Führungskräfte anhand zweier unterschiedlicher Führungsstile voneinander unterscheiden lassen:

- **aufgabenorientierte Führung:** Sie dient dazu, Gruppen- und Kommunikationsstrukturen zu schaffen und Ressourcen bereitzustellen, die der Zielerreichung dienen.
- **beziehungsorientierte Führung:** Sie dient dazu, den Zusammenhalt der Gruppe zu stärken und die Qualität der Beziehungen der Gruppenmitglieder untereinander zu verbessern.

Die zentrale Annahme des Ansatzes besteht darin, dass keiner der beiden Führungsstile grundsätzlich effektiver ist als der andere, sondern dass die Effektivität einer eher aufgaben- oder eher beziehungsorientierten Führung von den Merkmalen der Führungssituation abhängt. Relevant sind insbesondere folgende Situationsmerkmale:

- **Merkmale der Gruppenaufgabe:** Ist sie eher komplex oder relativ einfach strukturiert?
- **Merkmale der Beziehung zwischen der Führungsperson und den Geführten:** Vertrauen und mögen die Geführten die Führungsperson oder nicht?
- **Macht, die mit der Führungsposition einhergeht:** Verfügt die Führungsperson über Sanktionierungsmacht oder nicht?

Der aufgabenorientierte Führungsstil sollte vor allem dann effektiv sein, wenn die Situationsmerkmale entweder sehr günstig (einfach strukturierte Aufgabe, gute Beziehung zwischen Führungsperson und Geführten, Führungsperson hat Sanktionierungsmacht) oder sehr ungünstig (komplex strukturierte Aufgabe, schlechte Beziehung zwischen Führungsperson und Geführten, Führungsperson hat keine Sanktionierungsmacht) ausgeprägt sind.

Der beziehungsorientierte Führungsstil hingegen sollte überlegen sein, wenn die drei Situationsmerkmale zusammen betrachtet eine mittelmäßig günstige Situation bilden (z.b. komplex strukturierte Aufgabe, gute Beziehung zwischen Führungsperson und Geführten, Führungsperson hat keine Sanktionierungsmacht). Tatsächlich liefert die empirische Literatur einige Unterstützung für diese Annahmen. Kritisch zu bewerten ist allerdings, dass die von Fiedler spezifizierten Situationsmerkmale nur eine geringe theoretische Basis haben und wesentliche weitere Merkmale fehlen (z.b. Organisationsklima, Größe der Gruppe). Dies mag erklären, weshalb die empirische Befundlage zu diesem Ansatz insgesamt eher uneinheitlich ist.

3.4.3 Transaktionale und transformationale Ansätze

Eine weitere Klasse von Führungstheorien konzentriert sich auf die Frage, *wie* Führungspersonen Einfluss auf die Geführten ausüben. Hier wird zwischen transaktionalen und transformationalen Ansätzen unterschieden. „Transaktionale Führungsansätze" (z.B. Messick 2005) basieren auf dem Austausch- oder Interdependenzansatz (→ Kapitel 1) und gehen davon aus, dass die Führungsperson und die anderen Gruppenmitglieder im Hinblick auf ihre Bedürfnisbefriedigung wechselseitig voneinander abhängig sind. Führung bzw. der Einfluss einer Führungsperson auf die übrigen Gruppenmitglieder gründet sich nach dieser Perspektive auf den Austausch individuell benötigter materieller, sozialer oder psychologischer Ressourcen. So werden beispielsweise (Arbeits-)Leistung oder Loyalität (Ressourcen der Geführten) gegen materielle Belohnungen oder soziale Anerkennung (Ressourcen der Führungsperson) „eingetauscht". Effektive Führung liegt diesem Ansatz zufolge dann vor, wenn der gegenseitige Nutzen, den die Führungsperson(en) und die Geführten aus ihrer Beziehung zie-

hen, maximal ist. Ein Kritikpunkt an transaktionalen Führungs-
ansätzen richtet sich gegen das Postulat der Kosten-Nutzen-Ratio-
nalität.

Vertreterinnen und Vertreter „transformationaler Führungstheorien" (z. B. Bass/Avolio 1994) postulieren demgegenüber, dass
es weniger die Wahrnehmung positiver Kosten-Nutzen-Bilanzen
ist, die erfolgreiche Führung bedingt, sondern vielmehr die Fähigkeit der Führungsperson, die Einstellungen, Emotionen, Werte
und Verhaltensweisen der Geführten so zu transformieren, dass sie
bereit sind, ihr Selbstinteresse zugunsten von kollektiven Zielen
zurückzustellen. Nach Bass und Avolio (1990) lässt sich trans-
formationales Führungsverhalten durch folgende vier Merkmale
kennzeichnen:

- **idealisierender Einfluss:** Die Führungsperson fungiert als moralisches und fachliches Vorbild, indem sie ihre persönlichen Bedürfnisse zurücknimmt, hohe Ansprüche an sich selbst stellt
  (und diese auch erfüllt) und nach ethischen und moralischen
  Prinzipien handelt. Als Folge identifizieren sich die Geführten
  mit der Führungsperson und eifern dieser nach.
- **inspirierende Motivation:** Die Führungsperson vermittelt den
  Geführten eine inspirierende Vision, artikuliert diese klar und
  zeigt Enthusiasmus und Optimismus in Bezug auf die Erreichung der Vision.
- **intellektuelle Stimulierung:** Die Führungsperson fördert die
  Kreativität und Innovativität der Geführten, indem sie bestehende Annahmen infrage stellt und Probleme aus einer neuen
  Perspektive beleuchtet. Sie fordert neue Ideen und kreative
  Problemlösungen von den Geführten, kritisiert diese aber nicht
  öffentlich.
- **individualisierte Mitarbeiterorientierung:** Die Führungsperson
  lässt den Bedürfnissen jedes einzelnen Geführten Aufmerksamkeit zukommen und nimmt die Rolle eines Mentors ein. Die
  Geführten erfahren Unterstützung und werden ermutigt, sich
  kontinuierlich weiterzuentwickeln.

Die Vorstellung, dass der Schlüssel zum Erfolg von Führung in einer
aktiven Transformation des Selbstbildes der Geführten durch die
Führungspersonen liegt, steht auch im Zentrum von neueren Forschungsarbeiten auf der Grundlage des sozialen Identitätsansatzes.

Reicher, Haslam et al. (z.B. Reicher/Hopkins 2003) zufolge sind Führungspersonen „Entrepreneurs of Identity" (Identitätsunternehmer oder -unternehmerinnen), die versuchen, die soziale Identität der Gruppe durch sozialen Einfluss so zu (re-)definieren, dass sie die Erreichung kollektiver Ziele unterstützt (→ Kapitel 7).

4 Stereotype, Vorurteile, Stigmata

In den folgenden Kapiteln wenden wir uns der Erforschung des Verhaltens zwischen Gruppen zu. Sozialpsychologinnen und -psychologen sprechen von „Intergruppenverhalten", wenn das Verhalten zwischen zwei oder mehreren Individuen weitgehend oder sogar vollständig durch ihre Zugehörigkeit zu unterschiedlichen Gruppen determiniert wird. Während interpersonales Verhalten durch interindividuelle Variabilität charakterisiert ist, zeichnet sich Intergruppenverhalten durch relative Gleichförmigkeit (Uniformität) der Einstellungen, Wahrnehmungen und Verhaltensweisen der Gruppenmitglieder aus. In diesem Kapitel steht die „Intergruppenwahrnehmung" im Mittelpunkt.

4.1 Begriffsbestimmung

In Intergruppensituationen beruht die Wahrnehmung anderer Personen auf den Stereotypen über die Gruppe: Gruppenmitglieder werden nicht als einzigartige Individuen, sondern als relativ austauschbare Gruppenmitglieder wahrgenommen, die sich in Bezug auf stereotypische Merkmale der Gruppe ähneln („Im Vergleich zu *den* Türken sind *die* Deutschen …").

> **Stereotype:** Die sozial geteilten Überzeugungen bezüglich der Attribute, Eigenschaften, Verhaltensweisen etc. hinsichtlich derer die Mitglieder einer Gruppe einander ähneln.

Hervorzuheben ist, dass es sich bei Stereotypen nicht um individuelle, sondern um sozial geteilte Überzeugungen handelt – Stereotype sind also soziale und keine individuellen (oder idiosynkratischen) Überzeugungen.

Stereotype über Fremdgruppen (über Gruppen also, zu denen man selbst nicht gehört) werden als „Heterostereotype" bezeichnet; Stereotype über die Eigengruppe (die Gruppe, zu der man gehört) nennt man „Autostereotype". Der Begriff „Meta-Stereotype" wiederum bezeichnet das Stereotyp vom Stereotyp (d.h. Überzeugungen darüber, welche Stereotype Mitglieder einer Fremdgruppe über die Eigengruppe haben; Vorauer et al. 1998). Als „Selbststereotypisierung" bezeichnet man schließlich den Prozess der Definition des eigenen Selbst im Sinne der stereotypischen Merkmale und Eigenschaften von Eigengruppenmitgliedern. Selbststereotypisierung folgt aus dem Prozess der Selbstkategorisierung und liefert die Grundlage für die Selbstdefinition im Sinne einer sozialen (kollektiven) Identität.

Während es sich bei Stereotypen um kognitive Repräsentationen einer Gruppe handelt, handelt es sich bei Vorurteilen um gruppenbezogene Bewertungen.

> **Vorurteil:** Die positive oder negative Bewertung einer sozialen Gruppe und ihrer Mitglieder aufgrund der ihr zugeschriebenen Merkmale, der mit der Gruppe assoziierten Affekte und verhaltensbezogener Informationen.

Vorurteile lassen sich damit auch als affektive Komponente von Einstellungen gegenüber sozialen Gruppen auffassen, während Stereotype die kognitive Komponente darstellen.

Obwohl sich die Literatur zu Intergruppenverhalten traditionell mit den Ursachen und Konsequenzen negativer oder abwertender Vorurteile befasst, können Vorurteile (ebenso wie Stereotype) prinzipiell auch in positiver Form auftreten (z.B. gegenüber sozialen Eliten). Während sich positive Vorurteile in Bewunderung der Fremdgruppe und der Anerkennung ihrer Privilegien manifestieren, drücken sich negative Vorurteile in unterschiedlichen Formen der sozialen Diskriminierung aus.

> **Soziale Diskriminierung:** Die Ablehnung oder Benachteiligung von Personen aufgrund ihrer Gruppenzugehörigkeit.

Soziale Diskriminierung kann als isolierter Verhaltensakt (z.B. die Ablehnung einer Bewerberin aufgrund ihrer sexuellen Orientierung), als Verhalten zwischen Gruppen (z. B. Gewalt gegen Immigranten durch rechtsradikale Terroristen) und in institutionalisierter Form auftreten (z. B. Gesetze, die bestimmten Gruppen die gesellschaftliche Teilhabe verwehren). Ein mit dem Phänomen der sozialen Diskriminierung eng verbundener Prozess ist der Prozess der Stigmatisierung.

> **Stigma:** Unter einem „Stigma" wird ein negativ bewertetes Attribut verstanden, durch welches der Träger von normativen Erwartungen abweicht und welches ihn in den Augen anderer derartig diskreditiert, dass er seinen Anspruch auf gesellschaftliche Gleichberechtigung verliert.

Die Verwendung des Begriffes „Stigma" (altgriechisch für „Stich", „Punkt" oder „Brandmal") geht auf die antike griechische Rechtspraxis zurück, Personen zur Bestrafung Zeichen in den Körper zu schneiden oder zu brennen, um öffentlich sichtbar zu machen, dass es sich beim Träger des Zeichens (einem untreuen Sklaven, einem Verbrecher oder Verräter) um eine unerwünschte, rituell für unrein erklärte Person handelt, die gemieden werden sollte (Goffman 1963). Im heutigen Sprachgebrauch ist der Begriff allerdings nicht auf sichtbare körperliche Merkmale beschränkt. Stigmatisierende Attribute können offensichtlich (z. B. eine entstellende Narbe) oder nicht direkt erkennbar sein (z. B. der Serostatus „HIV-positiv"), sie können Verhaltensweisen oder Lebensstile umfassen (Promiskuität, Punk …) oder sich auf die Zugehörigkeit zu bestimmten Gruppen oder sozialen Kategorien beziehen (z. B. Homosexuelle, Juden, Ausländer).

Seine diskreditierende Wirkung entfaltet ein Stigma dadurch, dass es dem Betrachter als ein Indikator für vermeintlich weitere, aber nicht direkt beobachtbare, negative Charaktereigenschaften oder Persönlichkeitsmerkmale des Merkmalsträgers dient. Die diskreditierenden Reaktionen auf ein Stigma lassen sich also in der Regel nicht allein durch das spezifische Attribut erklären (z. B. Serostatus „HIV-positiv"), sondern sie resultieren aus den mit dem Stigma assoziierten Stereotypen und Vorurteilen bezüglich der Identität oder des Charakters der Merkmalsträger (unmoralisch, charakterschwach, verantwortungslos usw.).

Ob und wann ein Attribut in einer Gruppe oder Gesellschaft

den Charakter eines Stigmas erhält, hängt davon ab, was in einer Gesellschaft (oder einer Gruppe) als normal und was als abweichend oder deviant definiert wird. Ein und dasselbe Attribut kann unter bestimmten sozialen, politischen oder historischen Bedingungen als Stigma gelten, während es unter anderen Bedingungen als „normal" gilt oder als eine „natürliche" Variation angesehen wird.

4.2   Ursachen und Inhalte von Stereotypen und Vorurteilen

Aufgrund der destruktiven sozialen Konsequenzen von Stereotypen und Vorurteilen haben sich Sozialpsychologinnen und Sozialpsychologen schon frühzeitig mit der Frage beschäftigt, warum Menschen sie haben.

4.2.1   Persönlichkeit und individuelle Dispositionen

Einer der ersten systematischen Forschungsansätze zu den Ursachen von Stereotypen und Vorurteilen wurde in den 1930er- und 1940er-Jahren unter dem Eindruck des deutschen Faschismus und des Holocaust von einer Gruppe deutscher und US-amerikanischer Wissenschaftler entwickelt. Unter Bezugnahme auf psychodynamische Theorien wurde postuliert, dass Vorurteile Ausdruck einer erziehungs- und sozialisationsbedingten abnormen Persönlichkeitsstruktur seien, der sogenannten „autoritären Persönlichkeit" (Adorno et al. 1950). Infolge dieser Erziehung verhielten sich Personen Autoritäten gegenüber einerseits übermäßig unterwürfig; andererseits verschöben sie Aggressionen, die gegenüber den Autoritäten auftreten, auf alternative Ziele (z.B. auf Mitglieder devianter oder statusniedriger Gruppen). Der Ansatz zur autoritären Persönlichkeit geht von spezifischen Persönlichkeitsdeformationen als Ursache von Stereotypen und Vorurteilen aus. Welche Persönlichkeitseigenschaften begünstigen nun aber die Übernahme von Stereotypen und Vorurteilen bei psychisch unauffälligen Personen?

Jüngere Forschungsarbeiten zu dieser Frage haben sich verstärkt mit Zusammenhängen zwischen den „Big Five" und Vorurteilen befasst. Bei den „Big Five" handelt es sich um fünf Persönlichkeitsdimensionen, anhand derer sich psychisch gesunde und unauffällige Personen charakterisieren lassen: Extraversion, Verträglichkeit, emotionale (In-)Stabilität, Gewissenhaftigkeit und Offenheit für neue Erfahrungen. Das „Dual Process Model of Ideology and Prejudice" von Duckitt und Kollegen (z.b. Sibley/Duckitt 2008) postuliert einen indirekten Einfluss von Persönlichkeitsfaktoren im Sinne der Big Five auf Vorurteile, der über eine erhöhte Anfälligkeit für die Übernahme bestimmter ideologischer Orientierungen vermittelt wird. Im Einklang mit diesem Modell zeigen empirische Studien beispielsweise, dass Personen mit einer dispositionell geringen Offenheit gegenüber neuen Erfahrungen stärker dazu tendierten, rechtsextreme ideologische Einstellungen anzunehmen, die mit einer Ablehnung sozialer Veränderung einhergehen (Altemeyer 1996). Eine Disposition zur emotionalen Instabilität hingegen begünstigt offenbar die Übernahme einer sozialen Dominanzorientierung, der zufolge Personen Status und Machtunterschiede zwischen Gruppen als Ausdruck einer natürlichen gesellschaftlichen Ordnung akzeptieren (Sidanius/Pratto 1999). Beide ideologischen Orientierungen – rechtsextreme Einstellungen, soziale Dominanzorientierung – manifestieren sich wiederum in negativen Stereotypen gegenüber Fremdgruppen.

Persönlichkeitstheoretische Ansätze können zwar einen Beitrag zur Beantwortung der Frage leisten, warum manche Personen besonders extreme Vorurteile haben. Diese Ansätze sind allerdings nicht in der Lage, die weite Verbreitung und die Uniformität von Stereotypen und Vorurteilen in bestimmten Populationen oder Subpopulationen zu erklären. Die sozialpsychologische Forschung geht daher davon aus, dass die Entstehung und Verwendung von Stereotypen und Vorurteilen aus einem Zusammenspiel von individuellen Dispositionen, allgemeinen kognitiven Prozessen und sozialen Einflussprozessen resultiert.

4.2.2   Soziale Kategorisierung

Tajfel legte mit seinen paradigmatischen Forschungsarbeiten zum Prozess der Kategorisierung einen zentralen Grundstein für sozial-kognitive Erklärungen von Stereotypen und Vorurteilen (z.B. Tajfel/Wilkes 1963). Seine Arbeiten deckten auf, dass Kategorisierung zu einer Akzentuierung der wahrgenommenen Ähnlichkeiten und Unterschiede führt: Einerseits werden die Unterschiede der Stimuli innerhalb einer Kategorie unterschätzt (d. h. Objekte, Personen, Ereignisse innerhalb einer Kategorie werden als ähnlicher wahrgenommen, als sie tatsächlich sind) – man bezeichnet dies als „Assimilation". Andererseits werden die Unterschiede zwischen Stimuli unterschiedlicher Kategorien überschätzt (d. h. Objekte oder Ereignisse unterschiedlicher Kategorien werden als unähnlicher wahrgenommen, als sie es tatsächlich sind) – dies wird als „Kontrastierung" bezeichnet.

Das Akzentuierungsprinzip stellt somit eine zentrale Grundlage für die wahrgenommene Homogenität von Fremdgruppen dar („Die sind alle gleich!"). Experimente mit dem „Who-said-what?"-Paradigma demonstrieren, wie spontan aktivierte soziale Kategorien Wahrnehmung und Erinnerung im Sinne von Assimilation und Kontrastierung beeinflussen.

In der klassischen Untersuchung von Taylor et al. (1978) folgten die Versuchspersonen einer Diskussion von sechs Männern (drei Schwarzen und drei Weißen), deren Beiträge von einem Tonband abgespielt wurden. Dabei war jeweils ein Dia des Sprechers zu sehen. In einer zweiten Phase des Experimentes wurden den Versuchspersonen die Aussagen in zufälliger Reihenfolge zusammen mit Fotos der Sprecher vorgelegt. Die Aufgabe der Versuchspersonen bestand darin, die Aussagen den jeweiligen Sprechern zuzuordnen.

Wie die Analysen bestätigten, trat bei dieser Zuordnung ein bestimmter Fehlertyp überzufällig häufig auf: Verwechslungen innerhalb der Kategorien, d. h., eine Aussage wurde fälschlicherweise einem Sprecher zugeordnet, der die Aussage zwar nicht gemacht hat, der jedoch der gleichen Kategorie angehörte, wie der tatsächliche Sprecher (Assimilation). Fehler zwischen den Kategorien (also die fälschliche Zuordnung einer Aussage zu einem Sprecher aus einer anderen Kategorie) wurden vergleichsweise seltener gemacht.

Aber welche Merkmalsdimensionen werden zur Assimilation und Kontrastierung herangezogen? Um diese Frage zu beantworten, sind zusätzliche Analysen notwendig, die über die Analyse kognitiver Prozesse hinausgehen.

4.2.3   Stereotype, Vorurteile und Stigmata als soziale Konstruktionen

Die meisten Sozialpsychologen und -psychologinnen vertreten die Auffassung, dass soziale Kategorien (und die mit diesen Kategorien assoziierten Stereotype, Vorurteile und Stigmata) soziale Konstruktionen sind (im Gegensatz zu einer biologistischen Konzeption von sozialen Kategorien als „natürliche" Tatsachen). Diese Konstruktionen werden in sozialen und politischen Diskursen innerhalb und zwischen Gruppen erzeugt und erfüllen bestimme soziale (oder auch ideologische und politische) Funktionen (hierzu auch: Hopkins/Reicher 1996). Über Sozialisations- und soziale Einflussprozesse werden diese Konstruktionen innerhalb einer Gruppe verbreitet und zum Konsens, was die Uniformität der Wahrnehmung von Gruppenmitgliedern erklärt. In einer grundlegenden Analyse thematisiert Tajfel (1981a) folgende soziale (oder kollektive) Funktionen von Stereotypen:

- **positive Differenzierung:** Stereotype dienen dazu, die Eigengruppe von anderen Gruppen positiv abzugrenzen. Man spricht diesbezüglich auch von der Herstellung „positiver Distinktheit". Stereotype kristallisieren sich daher insbesondere um Merkmalsdimensionen, auf denen die Eigengruppe der Fremdgruppe überlegen ist.
- **kausale Erklärung:** Stereotype sind Elemente komplexerer sozialer und ideologischer Begriffssysteme, aus denen kausale Erklärungen für soziale Phänomene und Ereignisse abgeleitet werden (Beispiel: Das Stereotyp des „reichen Juden" als Teil eines Antisemitismus, der behauptet, Juden kontrollierten die Weltwirtschaft).
- **soziale Rechtfertigung:** Im Rahmen dieser Begriffssysteme oder Ideologien dienen Stereotype auch der sozialen Rechtfertigung der Behandlungen von Mitgliedern anderer Gruppen (Beispiel: das Stereotyp des „unzivilisierten Wilden" als Teil einer ideologischen Rechtfertigung des europäischen Kolonialismus).

Die politischen und ideologischen Funktionen von Stereotypen sind auch ein zentrales Thema neuerer Theorien zur Erklärung der Akzeptanz sozialer Ungleichheit (z.B. der „System-Justification-Theory" von Jost et al. 2004). Diesen Theorien zufolge werden ungleiche Statusbeziehungen zwischen Gruppen durch sogenannte „legitimierende Mythen" unterstützt, die von den Mitgliedern statushoher und statusniedriger Gruppen gleichermaßen akzeptiert werden (z. b. sogenannte „paternalistische Mythen", denen zufolge die Vorherrschaft bestimmter Gruppen vermeintlich der Stabilität des gesellschaftlichen Systems dient, von der angeblich auch statusniedrige Gruppen profitierten).

Legitimierende Mythen: Innerhalb einer Gesellschaft weitgehend geteilte Überzeugungssysteme (bestehend aus Werten, Einstellungen, Meinungen, Stereotypen und kulturellen Ideologien), die dazu dienen, bestehende Status- und Machtunterschiede zwischen Gruppen zu rechtfertigen.

Krankheit als Stigma – der Einfluss sozialer Repräsentationen

Ein Kontext, in dem die soziale Konstruktion von Stereotypen, Vorurteilen und Stigmata besonders gut erforscht wurde, ist die soziale und politische Konstruktion von Stigmata, die bestimmten Erkrankungen anhaften (z. B. das HIV/AIDS-Stigma). Wie diese Untersuchungen zeigen, hängen krankheitsbezogene Stigmata unmittelbar mit der „sozialen Repräsentation" der Krankheit zusammen (z. B. Herek et al. 2003).

Soziale Repräsentationen: Sozial geteilte Meinungen und Vorstellungen über bestimmte Objekte oder Sachverhalte (Krankheiten, politische Systeme, wissenschaftliche Disziplinen etc.), die in sozialen Diskursen innerhalb und zwischen Gruppen konstruiert werden.

Soziale Repräsentationen von Krankheiten sind eine „Komposition" aus dem vorherrschenden medizinischen Expertenwissen sowie Alltagsvorstellungen und kulturellen oder religiösen Überzeugungen. Sie beinhalten typischerweise Vorstellungen über die Symptome, den Verlauf, die Übertragungswege, Präventions- und Behandlungsmöglichkeiten. Zudem beinhalten sie Definitionen der Betroffenengruppe(n), die eine Unterscheidung zwischen „uns" und „denen" mit sich bringt. Schließlich enthält die soziale Repräsentation auch eine Zuschreibung von Verantwortlichkeit für die Erkrankung, eine moralische Komponente, die direkte Implikationen für den Umgang mit den Betroffenen hat. Werden die Betroffenen als Opfer der Erkrankung gesehen, erfahren sie üblicherweise Mitgefühl und Solidarität. Wird ihnen eigene Verantwortung zugeschrieben, ist es hingegen wahrscheinlicher, dass sie zur Zielscheibe moralischer Entrüstung werden und ihnen notwendige Unterstützung verwehrt wird.

Soziale Repräsentationen von Krankheiten dienen (wie soziale Repräsentationen im Allgemeinen; Moscovici 1981) einer Reihe von sozialen Funktionen:

- **Erklärungs- und Kommunikationsfunktion:** Zum einen ermöglichen sie den individuellen Mitgliedern einer Gesellschaft Orientierung und Kommunikation bezüglich eines potenziell bedrohlichen Ereignisses, auch wenn keine individuellen Erfahrungen im Umgang mit dem Ereignis bestehen.
- **Koordinationsfunktion:** Zum anderen bilden die kollektiv geteilten Deutungen und Erklärungen die Grundlage für eine gesellschaftlich koordinierte Reaktion auf die Krankheit.
- **Legitimationsfunktion:** Schließlich liefert die soziale Repräsentation auch die moralische Grundlage für das gesundheitspolitische Handeln und den Umgang mit den Betroffenengruppen.

Soziale Repräsentationen resultieren aus komplexen sozialen Einflussprozessen innerhalb und zwischen unterschiedlichen gesellschaftlichen Gruppen und Akteuren, in denen die Beteiligten die Deutungshoheit für sich reklamieren und gruppenspezifische Interessen verfolgen (z.B. die Mobilisierung von Solidarität mit denen, die zu „uns" gehören, oder die moralische Ächtung und Ausgrenzung von „denen", die anders sind als „wir"). Welche sozialen Erklärungs- oder Interpretationsmuster sich innerhalb der weiteren Gesellschaft (oder in Teilpopulationen) verbreiten, hängt entscheidend von der Fähigkeit einzelner sozialer Akteure ab, Unbeteiligte oder Unentschlossene von der Richtigkeit der eigenen Position zu überzeugen. Eine wichtige Rolle in diesem Zusammenhang spielt hierbei der Zugang zu Massenmedien, der für eine effiziente Verbreitung der kollektiven Deutungen essenziell ist. Für die soziale Akzeptanz der Deutungen und Interpretationen sind zwei Prozesse besonders relevant:

- **Verankerung:** Worunter die Integration der neuen Vorstellungen in bereits bestehende Vorstellungssysteme (bzw. das kulturelle Wissen, sozial geteilte Erfahrungen) zu verstehen ist.
- **Vergegenständlichung:** Was die Umwandlung eines abstrakten medizinischen Konzeptes in konkrete und verständliche Bilder oder Metaphern beinhaltet.

Die Prozesse der Verankerung und Vergegenständlichung lassen sich am Beispiel sozialer Repräsentationen von HIV/AIDS gut illustrieren. Die soziale Repräsentation von HIV/AIDS nimmt, je nach kulturellem und politischem Kontext, unterschiedliche Gestalt an (Treichler 1992). Zu dieser Variation tragen vielfältige Faktoren bei: Unterschiede in den kulturell vorherrschenden Ideologien, Werten und Normen, unterschiedliche kulturelle Vorstellungen über Gesundheit und Krankheit oder Unterschiede in der lokalen oder regionalen Epidemiologie von HIV/AIDS. In einigen abgelegenen ländlichen Teilen Tansanias wird HIV/AIDS beispielsweise nicht auf die Infektion mit einem Virus, sondern auf den Einfluss von Dämonen und Magie zurückgeführt.

Eine zu Beginn der Entdeckung der Krankheit in den westlichen Ländern virulente Repräsentation von HIV/AIDS war die der „Schwulenseuche" oder „Schwulenpest" (Sontag 1989). Der epidemische Charakter der Krankheit wurde mittels dieser Repräsentation in der seit dem Mittelalter kulturell vertrauten Vorstellung der Pest als einer übertragbaren tödlichen Krankheit verankert. Zugleich wurde die Krankheit begrifflich mit der Gruppe der homosexuellen Männer assoziiert, die von der Krankheit am stärksten betroffen war. Die Analogie zur Pest beinhaltet auch eine implizite Verantwortlichkeitszuschreibung: Die Pest wurde im Mittelalter als eine Strafe Gottes für das sündhafte Leben des Menschen angesehen (die „Geißel Gottes"). Die Referenz auf dieses religiöse Bild impliziert, dass die von HIV betroffenen homosexuellen Männer durch die Erkrankung eine gerechte Strafe für ihren unmoralischen Lebenswandel erfahren, was durch Analysen politischer Rhetorik im Zusammenhang mit HIV/AIDS vielfältig belegt ist (z.B. Herek/Capitanio 1999). Schließlich enthält die Repräsentation der „Schwulenpest" auch implizite Handlungsanweisungen, nämlich die Meidung und Ausgrenzung der von der „Pest" Betroffenen, was aufgrund des vermeintlich sündigen Lebensstils der Betroffenen als eine moralisch legitime Reaktion erscheint.

4.2.4   Inhalte von Stereotypen

Das „Stereotype-Content-Model" von Fiske et al. (2002) macht spezifische Vorhersagen darüber, welche Merkmale Fremdgruppenmitgliedern in Abhängigkeit von spezifischen Charakteristika der Intergruppenbeziehung zugeschrieben werden. Fiske et al. konzentrieren sich dabei auf zwei inhaltliche Dimensionen: „Wärme" (oder auch Soziabilität) und „Kompetenz". Die Zuschreibung entsprechender Eigenschaften hängt dem Modell zufolge von zwei Charakteristika der Intergruppenbeziehung ab:

- **intergruppaler Wettbewerb:** Sind die anderen „Freund" oder „Feind"? Fremdgruppen, mit denen die Eigengruppe konkurriert, sollten als wenig „warm" (kalt, berechnend etc.) wahrgenommen werden. Ist die Beziehung hingegen durch Kooperation statt durch Konkurrenz geprägt, sollten die Mitglieder der Fremdgruppe als relativ „warm" wahrgenommen werden (liebenswert, herzlich etc.).
- **Statusverhältnis zwischen Eigen- und Fremdgruppe:** Während Mitglieder statusniedriger Gruppen als inkompetent wahrgenommen werden sollten (dumm, unfähig etc.), sollten Mitglieder statushoher Fremdgruppen als relativ kompetent angesehen werden (intelligent, effektiv etc.).

Die Kombination hoher und niedriger Ausprägungen auf den Merkmalsdimensionen „Wärme" und „Kompetenz" führt zur Unterscheidung von vier inhaltlich distinkten Typen von Stereotypen (Abb. 4.1; die Beispiele beziehen sich auf Untersuchungen des Modells in US-amerikanischen Stichproben).

Eine wichtige Implikation des „Stereotype-Content-Modells" ist, dass Stereotype oft einen ambivalenten Charakter annehmen. Gerade die auf den ersten Blick positiv erscheinenden Zuschreibungen im Sinne „paternalistischer Stereotype" können zur Aufrechterhaltung bestehender Statusverhältnisse beitragen, da sie den diskriminierenden Charakter des Stereotyps verschleiern.

Die oben genannten Beurteilungsdimensionen (Wärme und Kompetenz) beziehen sich auf die Stereotype gegenüber Fremdgruppen. Untersuchungen zu Stereotypen gegenüber der Eigengruppe (Autostereotypen) zeigen interessanterweise, dass Personen mit Blick auf die Eigengruppe häufig eine weitere Dimension

		STATUS	
		Niedrig (Kompetenz niedrig)	Hoch (Kompetenz hoch)
WETTBEWERB	Niedrig (Wärme hoch)	**Paternalistische Stereotype** (z.B. Stereotype über alte Menschen, Menschen mit Behinderung, Hausfrauen)	**Bewundernde Stereotype** (z.B. Stereotype über englische Alliierte, Prominente)
	Hoch (Wärme niedrig)	**Verächtliche Stereotype** (z.B. Stereotype über Sozialhilfeempfänger, Arbeitslose)	**Neidvolle Stereotype** (z.B. Stereotype über Juden, asiatische Einwanderer)

Abb. 4.1 Inhalte von Stereotypen in Abhängigkeit von intergruppalem Wettbewerb und Gruppenstatus (nach Fiske et al. 2002)

als Quelle einer positiven Beurteilung heranziehen – nämlich Moralität (Ehrlichkeit, Integrität u.a.). Gerade diejenigen, die sich stark mit ihrer Gruppe identifizieren, schreiben der Eigengruppe eine hohe Ausprägung auf dieser Dimension zu (Leach et al. 2007).

4.3 Effekte von Stereotypen und Vorurteilen auf das Handeln und Auswirkungen auf die Zielpersonen

Wie wirken sich Vorurteile und Stereotype auf das Verhalten gegenüber den Zielpersonen aus? Und welche Auswirkungen hat die Konfrontation mit Vorurteilen auf die Betroffenen?

4.3.1 Automatische und kontrollierte Prozesse

Zahlreiche der in der sozialen Kognitionsforschung entwickelten Modelle gehen davon aus, dass sowohl automatische als auch kontrollierte Prozesse Einfluss auf die Wirkungsweise von Stereotypen und Vorurteilen haben. Das Modell von Devine (1989) postuliert beispielsweise, dass die Aktivierung von Stereotypen zunächst automatisch erfolgt – und zwar immer dann, wenn ein relevanter Auslösereiz anwesend ist (z.B. ein Gruppenmitglied oder ein Symbol, das mit der Gruppe assoziiert wird). Diese Aktivierung liegt außerhalb der bewussten Kontrolle einer Person; sie resultiert als Funktion der kognitiven Zugänglichkeit des Stereotyps im Gedächtnis. Ob und in welcher Art sich ein automatisch aktiviertes Stereotyp auf das Urteilen und Handeln einer Person auswirkt, hängt allerdings von einem zeitlich nachfolgendem kontrollierten Verarbeitungsprozess ab. Im Zuge dieses Prozesses können automatisch aktivierte Stereotype bewusst modifiziert bzw. die mit dem Stereotyp assoziierten Verhaltensimpulse unterdrückt oder adjustiert werden.

Einsatz und Effektivität kontrollierter Prozesse werden von zwei Faktoren beeinflusst: Einerseits von der *Motivation* der Person, den Einfluss von Stereotypen und Vorurteilen auf Urteilen und Handeln zu kontrollieren. Personen mit hoher Motivation zur Vorurteilskontrolle versuchen, automatisch ausgelöste negative Reaktionen (z. B. Vermeidungstendenzen), wenn sie ihnen bewusst werden, durch kontrollierte Prozesse gezielt zu korrigieren; bei Personen mit niedriger Motivation ist diese Korrekturreaktion entsprechend schwächer oder bleibt ganz aus.

Andererseits setzt die Kontrolle des Einflusses von Stereotypen und Vorurteilen die Verfügbarkeit notwendiger kognitiver *Ressourcen* voraus. Daher wird der Einfluss automatisch aktivierter Stereotype und Vorurteile auf das Urteilen und Handeln einer Person umso wahrscheinlicher, je stärker ihre Aufmerksamkeit und Konzentration durch andere Prozesse gebunden oder beeinträchtigt ist.

Experimentelles Beispiel: In einer Untersuchung zum Einfluss automatischer und kontrollierter Reaktionen gegenüber stigmatisierten Personen lassen Pryor et al. (2004) ihre Untersuchungspersonen glauben, dass sie im Rahmen eines Rollenspiels körperlichen Kontakt mit einer anderen Untersuchungsperson haben würden. Die Untersuchungspersonen konnten ihren Partner für das Rollenspiel aus einer Gruppe von drei Personen auswählen, die angeblich ebenfalls an der Untersuchung teilnahmen. Zu jedem potenziellen Partner wurden den Untersuchungspersonen Informationen am Computerbildschirm präsentiert. Eine dieser Zielpersonen war angeblich HIV-positiv (wie verschiedene Untersuchungen zeigen, ein starkes Stigma), eine andere zu Vergleichszwecken eingeführte Zielperson wies kein Stigma auf.

Um ihre Einstellung gegenüber den potenziellen Partnern anzuzeigen, mussten die Untersuchungspersonen den Computercursor von einer Startposition entweder in Richtung eines digitalen Bildes der Person (positive Einstellung) oder von dem Bild weg bewegen (negative Einstellung); pro Bild hatten sie hierfür 10 Sekunden Zeit. In regelmäßigen Abständen wurde die Distanz zwischen Cursor und Bild registriert. Zusätzlich wurde die Motivation zur Kontrolle von Vorurteilen gegenüber Menschen mit HIV/AIDS mit einer etablierten Skala gemessen.

Die Auswertungen ergaben folgendes Bild: Das HIV/AIDS-Stigma löste bei den Untersuchungspersonen typischerweise zunächst eine spontane Vermeidungsreaktion aus, was sich in einer größeren Cursor-Bild-Distanz zu Beginn des 10-Sekunden-Intervalls ausdrückte. Diese spontane Reaktion wurde allerdings im Laufe der Zeit korrigiert – mit zunehmender Zeitdauer verringerten die Untersuchungspersonen die Distanz zwischen Bild und Cursor, sodass gegen Ende der 10 Sekunden nahezu die gleiche Distanz vorlag wie bei der Beurteilung der nichtstigmatisierten Person. Wie die Analysen bestätigten, war diese nachträgliche „Anpassung" der Verhaltensreaktion umso stärker ausgeprägt, je höher die Motivation der Untersuchungsperson war, ihre Vorurteile gegenüber Menschen mit HIV/AIDS zu kontrollieren.

Diese Untersuchung demonstriert, dass sich die negativen Einstellungen gegenüber Menschen mit HIV/AIDS nicht immer in offen beobachtbarem Vermeidungsverhalten zeigen. Wenn Menschen motiviert sind, ihre Vorurteile zu kontrollieren, korrigieren sie spontane negative Impulse und zeigen positive Verhaltensreaktionen. Diese Korrekturreaktion ist allerdings ein relativ anspruchsvoller Prozess, der Zeit braucht und das Bewusstsein eigener Vorurteile voraussetzt. In Situationen, in denen diese Voraussetzungen nicht bestehen, wird ein offener Ausdruck der negativen Einstellung wahrscheinlicher.

Dass automatisch aktivierte Stereotype Urteile und Handeln von Personen ohne deren Wissen beeinflussen können, ist mittlerweile in einer Vielzahl von Kontexten dokumentiert worden. Allein das zufällige Anhören eines rassistischen Kommentars kann beispielsweise zur automatischen Aktivierung entsprechender Stereotype beim Zuhörer führen, die dann wiederum nachfolgende Urteile und Handlungen beeinflussen (z.B. Greenberg/Pyszczynski 1985). Der Einfluss von Stereotypen und Vorurteilen entzieht sich der bewussten Kontrolle weitaus häufiger als Menschen gemeinhin erkennen.

4.3.2   Auswirkungen auf die Zielpersonen

Negative Stereotype, Vorurteile und Stigmatisierung bilden die Grundlage vielfältiger Formen sozialer Diskriminierung, die von der Vorenthaltung wichtiger Ressourcen, über soziale Ausgrenzung bis hin zu Hassverbrechen reichen können. Zu einer stigmatisierten Gruppe zu gehören, kann mit einer Vielzahl von negativen Konsequenzen verbunden sein. Mitglieder sozial benachteiligter Gruppen werden häufiger Opfer verbaler und körperlicher Gewalt, haben seltener Zugang zu guten Bildungseinrichtungen, werden medizinisch schlechter versorgt oder verdienen weniger Geld bei gleicher Leistung als andere Mitglieder der Gesellschaft. Zusätzlich kann die Mitgliedschaft in einer sozial stigmatisierten und benachteiligten Gruppe auch zu gravierenden psychologischen Folgen führen, wie Minderung des Selbstwertes und der psychosozialen Gesundheit. Im Folgenden werden wir zwei potenzielle sozialpsychologische Konsequenzen für die Betroffenen näher betrachten: (1) Effekte auf das Selbstwertgefühl und die Gesundheit und (2) Effekte auf Leistung und Berufswahl.

Selbstwertgefühl und Gesundheit

In seiner sozialpsychologischen Analyse zur psychologischen Situation der Mitglieder statusniedriger Gruppen argumentiert Tajfel (1981b, 315): „… a common identity is thrust upon a category of people because they are at the receiving end of certain attitudes and treatment from the ‚outside'". Tajfels Analyse legt nahe, dass das, was als die Identität einer statusniedrigen Gruppe konstruiert wird, in weiten Teilen die Stereotype und Vorurteile der statushöheren Gruppe reflektiert. Oder anders ausgedrückt: Die Stereotypisierung bzw. Stigmatisierung der statusniedrigen Gruppe durch die statushöhere Gruppe beeinflusst auch das Selbstverständnis der Mitglieder der statusniedrigen Gruppe bis hin zur Konstruktion ihrer sozialen Identität.

Tatsächlich gibt es eine Reihe von Hinweisen darauf, dass Mitglieder abgewerteter sozialer Gruppen dazu tendieren, die negativen Eigenschaften, die ihrer Gruppe innerhalb der weiteren Gesellschaft zugeschrieben werden, zu internalisieren. Kurt Lewin (1941) hat für diesen Prozess den Begriff „Selbsthass" geprägt, der aus der Übernahme des „Fremdhasses" resultiert. Es ist daher naheliegend, zu vermuten, dass sich die Zugehörigkeit zu einer statusniedrigen und stigmatisierten Gruppe negativ auf das Selbstwertgefühl und das psychosoziale Wohlbefinden der Betroffenen auswirkt. Tatsächlich zeigen einige Untersuchungen, dass Mitglieder stigmatisierter Gruppen im Vergleich zu Mitgliedern nicht stigmatisierter Gruppen ein höheres Risiko aufweisen, an Selbstwertminderung, Depressionen oder Herz-Kreislaufkrankheiten zu erkranken (z.B. Jackson et al. 1996).

Insbesondere die neuere sozialpsychologische Forschung legt allerdings nahe, dass eine Minderung des Selbstwertgefühls keineswegs eine zwangsläufige Konsequenz der Mitgliedschaft in einer statusniedrigen Gruppe ist (Crocker/Major 1989). Vielmehr zeigt sich sogar, dass Angehörige statusniedriger Gruppen, einschließlich Schwarzer, Behinderter oder gesichtsentstellter Personen, häufig ein Selbstwertgefühl ausgeprägt haben, das dem von Angehörigen statushoher Gruppen entspricht. Dies ist darauf zurückzuführen, dass Angehörigen statusniedriger Gruppen eine ganze Reihe von Kompensationsstrategien zur Verfügung stehen, um mit den negativen Konsequenzen der Gruppenmitgliedschaft umzugehen.

Forschungsarbeiten zum „Ablehnungs-Identifikationsmodell" von Branscombe et al. legen beispielsweise nahe, dass der negative Effekt wahrgenommener Diskriminierung auf das Selbstwertgefühl durch eine starke Identifikation mit der Eigengruppe abgepuffert oder kompensiert werden kann (z.B. Branscombe et al. 1999). Ein Grund hierfür besteht darin, dass Eigengruppenmitglieder eine wichtige Ressource für emotionale, soziale oder materielle Unterstützung im Umgang mit Diskriminierungserfahrungen darstellen. Hoch identifizierte Gruppenmitglieder sind besser in die Gruppe eingebunden, sie haben daher besseren Zugang zur Unterstützung durch andere Gruppenmitglieder, bekommen sie eher angeboten und sind eher bereit, sie zu akzeptieren. Von Selbstwertminderung bedroht sind daher insbesondere Personen, die sich nur gering mit ihrer Gruppe identifizieren (und dementsprechend schlecht in die Gruppe integriert sind), gleichzeitig aber von Mitgliedern der Fremdgruppe aufgrund ihrer Gruppenzugehörigkeit diskriminiert werden (z.B. ein türkischstämmiger Schüler, der sich nicht als Türke identifiziert, aber von Deutschen aufgrund seines Aussehens als Türke diskriminiert wird).

Leistung und Berufswahl

Der „Stereotype-Threat-Theorie" zufolge löst die Befürchtung, auf der Grundlage von Stereotypen beurteilt zu werden, bei Mitgliedern sozial abgewerteter Gruppen ein Gefühl der Bedrohung aus (z.B. Steele/Aronson 1995). Dieses Gefühl und die damit einhergehende gesteigerte Nervosität können dazu führen, dass Mitglieder sozial abgewerteter Gruppen in Prüfungs- oder Testsituationen Leistungen zeigen, die unterhalb ihres Leistungspotenzials liegen.

Die Befürchtung, mit Stereotypen und Vorurteilen konfrontiert zu werden, hat auch einen Einfluss auf die Berufswahl. So entscheiden sich Mitglieder sozial abgewerteter Gruppen mit einer höheren Wahrscheinlichkeit gegen die Wahl von Berufen oder Positionen, in denen sie die Konfrontation mit negativen Stereotypen befürchten müssen. Diese Selbstselektionsmechanismen sind aus gesellschaftspolitischer Sicht hoch relevant, da sie im Sinne einer sich selbst erfüllenden Prophezeiung zur Aufrechterhaltung von Statusunterschieden zwischen Gruppen beitragen.

Empirisches Beispiel: In einem Feldexperiment von Keller und Dauenheimer (2003) zur Untersuchung der Effekte geschlechtsrollenspezifischer Stereotype bezüglich mathematischer Fähigkeiten erhielten Schülerinnen der 6. Klasse einer Realschule per Zufallszuweisung eine von zwei Versionen eines Mathematiktestes.

Um die Bedrohung durch Stereotype zu manipulieren, lasen die Schülerinnen in der einen Bedingung in den Instruktionen vor der Bearbeitung, dass bei dem Test Aufgaben zusammengestellt worden seien, bei denen sich in vorherigen Studien signifikante Geschlechtsunterschiede gezeigt hätten. Durch diese Instruktion wurde das Stereotyp, Mädchen seien in Mathematik weniger begabt als Jungen „geprimt". In der anderen Bedingung erhielten die Schülerinnen die Informationen, bei den Testaufgaben hätten sich in vorhergehenden Studien keine Geschlechtsunterschiede gezeigt (geringe Bedrohung durch das Stereotyp).

Die Ergebnisse der Studie zeigten im Einklang mit den Erwartungen, dass die Leistungen der Schülerinnen erheblich besser waren, wenn das Stereotyp über Geschlechtsunterschiede im Hinblick auf mathematische Begabung zuvor nicht geprimt worden war und die Schülerinnen davon ausgehen konnten, dass das Geschlecht der Testpersonen für die Aufgabenbearbeitung keine Rolle spielte. De facto erbrachten die Schülerinnen unter dieser Bedingung genauso gute Leistungen wie zu Vergleichszwecken getestete Jungen. Unter der Bedingung der Aktivierung des Stereotyps und der dadurch erlebten negativen Emotionen schnitten die Schülerinnen hingegen schlechter ab als die Jungen.

Diese und andere Befunde stellen die weitverbreitete Interpretation von Leistungsunterschieden zwischen sozialen Gruppen im Sinne stabiler Merkmalsunterschiede deutlich infrage.

5 Intergruppenkonflikte und die Verbesserung der Intergruppenbeziehungen

Konflikte zwischen sozialen Gruppen führen typischerweise zu einer Intensivierung von negativen Stereotypen, Vorurteilen und sozialer Diskriminierung. Welche Ursachen haben Intergruppenkonflikte?

5.1 Ursachen von Intergruppenkonflikten

Es werden drei sozialpsychologische Ursachen von Intergruppenkonflikten erläutert: negative Interdependenz, die Wahrnehmung fraternaler relativer Deprivation und das Bedürfnis nach positiver sozialer Identität.

5.1.1 Negative Interdependenz

Durch die Entwicklung der „Theorie des realistischen Gruppenkonflikts" setzten Muzafar Sherif und Kollegen einen Meilenstein in der sozialpsychologischen Forschung zum Intergruppenverhalten (z.B. Sherif 1966). Kerngedanke der Theorie ist, dass Einstellungen und Verhaltensweisen von Gruppenmitgliedern gegenüber anderen Gruppen in einem funktionalen Verhältnis zu Gruppeninteressen und -zielen stehen. Sind die wahrgenommenen Ziele von Eigengruppe und Fremdgruppe unvereinbar (oder sind die Gruppen, formaler ausgedrückt, negativ interdependent), begünstigt dies das Entstehen bzw. die Verstärkung von negativen Vorurteilen sowie von feindseligen und aggressiven Verhaltensweisen gegenüber der Fremdgruppe. Eine negative Interdependenzsituation liegt z.b. vor, wenn beide Gruppen im Wettbewerb um knappe oder begrenzte Ressourcen stehen, sodass jeder Zugewinn der Fremdgruppe einen Verlust für die Eigengruppe darstellt (Nullsummen-Spiel). Sind die Gruppen hingegen im Hinblick auf das

Erreichen ihrer Ziele aufeinander angewiesen (bzw. positiv interdependent), resultieren positive Einstellungen gegenüber der Fremdgruppe und kooperative Verhaltensweisen, da diese im Hinblick auf die Gruppenziele funktional sind.

Sherif et al. testeten ihre theoretischen Überlegungen in einer Reihe von Feldstudien mit (klinisch unauffälligen) durchschnittlich etwa 12-jährigen Jungen, die an einem Sommerferienlager teilnahmen (z.B. Sherif et al. 1961). Die Jungen wurden in zwei gleich große Gruppen eingeteilt, die voneinander getrennte Lager bewohnten. Um eine negative Interdependenzsituation zu schaffen, veranstalteten die Forscher eine Reihe von Wettkämpfen zwischen den Gruppen (Tauziehen, Ballspiele etc.). Die siegreiche Gruppe wurde belohnt; die unterlegene Gruppe ging hingegen leer aus. Aufgrund des Wettbewerbs wurden aus den zuvor friedlich nebeneinander lebenden Gruppen bald feindliche Parteien, die kaum eine Gelegenheit ausließen, sich verbal oder sogar körperlich zu attackieren.

Nachdem die Forscher mit derart einfachen Mitteln eine so dramatische Änderung des Intergruppenverhaltens erzeugt hatten, versuchten sie in einer der Studien das feindselige Verhalten dadurch zu reduzieren, dass sie übergeordnete Ziele einführten, die nur gemeinsam erreicht werden konnten (z.B. blieb der Lastwagen für die Lebensmitteltransporte stecken und war nur durch gemeinsame Kraftanstrengungen der Mitglieder beider Gruppen wieder flottzumachen; die Gruppen waren dadurch positiv interdependent). Wie erwartet nahmen infolge wiederholter Kooperationen die Feindseligkeiten zwischen den Gruppen ab. Gleichzeitig verstärkte sich die Tendenz zur Bildung von intergruppalen Freundschaften und Solidarität.

Die zentralen Befunde von Sherif et al. (1961) konnten von anderen Forschern in anderen Organisationskontexten (z.B. betrieblichen Organisationen) und mit unterschiedlichen Untersuchungsteilnehmern (bspw. mit Frauen und Männern) repliziert und erweitert werden (z.B. Blake/Mouton 1979).

5.1.2 Relative Deprivation

Obwohl Wettbewerb um knappe Ressourcen eine hinreichende Bedingung für Feindseligkeiten darstellt, ist diese Bedingung nicht notwendig. Es gibt eine Fülle historischer Beispiele für Konflikte zwischen Gruppen, deren Ressourcenbasis hinreichend gesichert war. „Theorien der relativen Deprivation" nehmen daher an, dass, neben einem objektiven Mangel an Ressourcen bzw. dem Grad objektiver Deprivation, die subjektive wahrgenommene relative Deprivation eine zentrale Bedeutung für die Entstehung von Konflikten hat (z. B. Walker/Smith 2002).

Relative Deprivation: Die Wahrnehmung, weniger zu haben als einem zusteht, die mit einem Gefühl der Unzufriedenheit einhergeht. Eine wichtige Quelle relativer Deprivation ist der soziale Vergleich. *Egoistische* relative Deprivation resultiert aus interpersonalen Vergleichen (eine Person nimmt wahr, dass sie – ungerechterweise – weniger besitzt als eine andere Person). *Fraternale* relative Deprivation resultiert hingegen aus intergruppalen Vergleichen (d. h. dem Vergleich der Eigengruppe mit einer relevanten Fremdgruppe).

Wie die Forschungsliteratur belegt, spielt fraternale relative Deprivation für die Entstehung von Intergruppenkonflikten eine größere Rolle als egoistische relative Deprivation. Die Wahrnehmung, individuell benachteiligt zu werden, reicht also nicht aus, um negative Einstellungen und Verhaltensweisen gegenüber anderen Gruppen zu entwickeln, sondern die relative Benachteiligung muss als sozial geteilt erlebt werden. Im Umkehrschluss bedeutet dies auch, dass individuelle Benachteiligung keine notwendige Voraussetzung für feindseliges Verhalten gegenüber anderen Gruppen ist. Es ist vielmehr hinreichend, dass andere Mitglieder der Eigengruppe gegenüber der Fremdgruppe als relativ benachteiligt wahrgenommen werden.

5.1.3   Negative soziale Identität

Anders als die zuvor genannten Theorien nimmt die „Theorie der sozialen Identität" von Tajfel und Turner (1986) an, dass wahrgenommene negative Interdependenz oder Benachteiligung zwar hinreichende aber keine notwendigen Bedingungen für das Auftreten von Konflikten zwischen Gruppen ist. Herzstück der theoretischen Erklärung ist das Konzept der sozialen Identität (→ Kapitel 1).

Menschen streben grundsätzlich nach einer positiven sozialen Identität. Wenn soziale Vergleichsprozesse zwischen Eigen- und Fremdgruppe auf einer relevanten Vergleichsdimension nun aber zu negativen Vergleichsergebnissen für die Eigengruppe führen, ist dieses Bedürfnis verletzt. Menschen sollten daher bemüht sein, etwas an diesem Zustand zu ändern. Der „Theorie der sozialen Identität" zufolge stehen Menschen hierfür eine Reihe von Strategien offen, die von individuellen Strategien sozialer Mobilität bis zu kollektiven Strategien sozialen Wandels reichen können. Für welche Strategien sich die Mitglieder einer Gruppe entscheiden, hängt zum einen von ihrer Wahrnehmung bestimmter soziostruktureller Charakteristika der Intergruppenbeziehung ab. Relevant sind hier die wahrgenommene Legitimität des Intergruppenstatus (bzw. des negativen Vergleichsergebnisses), die wahrgenommene Stabilität des Intergruppenstatus und die Durchlässigkeit der Gruppengrenzen (d. h., wie leicht kann ein Angehöriger der statusniedrigen Gruppe die Eigengruppe verlassen und Mitglied der statushöheren Gruppe werden). Zum anderen spielt für die Wahl einer Strategie zum „Identitätsmanagement" die Stärke der Identifikation einer Person mit der Eigengruppe eine wichtige Rolle.

- **soziale Mobilität:** Individuen können versuchen, eine negative soziale Identität „abzulegen", indem sie die statusniedrige Eigengruppe verlassen und in die statushöhere Gruppe aufsteigen. Soziale Mobilität ist allerdings nur möglich, wenn die Grenzen zwischen Eigen- und Fremdgruppe relativ durchlässig sind. Für Personen, die sich stark mit ihrer Gruppe identifizieren, ist diese Strategie zudem keine Option.

Bei der sozialen Mobilität handelt es sich um den Prototyp einer individuellen Strategie, da durch sie der Status der Gruppe insgesamt unverändert bleibt. Soziale Mobilität kann bedeuten, die Gruppe physisch zu verlassen oder die Gruppenmitgliedschaft aktiv zu verbergen. Individuelle Strategien sozialer Mobilität werden gegenüber Strategien kollektiven Wandels häufig, aber nicht immer bevorzugt (Wright et al. 1990). Anstatt sich von der Gruppe physisch oder zumindest psychologisch zu distanzieren, greifen Mitglieder statusniedriger Gruppen unter bestimmten Umständen kollektive Strategien auf und attackieren die vorherrschende soziale Statushierarchie, um die Situation der Eigengruppe zu verbessern.

- **soziale Kreativität:** Um eine positive soziale Identität herzustellen, können Angehörige einer statusniedrigeren Gruppe:

a) eine neue Vergleichsdimension heranziehen, auf der die Eigengruppe besser abschneidet; b) eine Re-Interpretation des Vergleichsergebnisses vornehmen, sodass ein ursprünglich ungünstiges Vergleichsergebnis als besonders positiv erscheint oder c) die Vergleichsgruppe wechseln. Diese Strategien beinhalten eine Umdefinition der Vergleichssituation mit der statushöheren Gruppe.

Wenn Gruppen mit einer negativen Identität auf einer Merkmalsdimension konfrontiert sind, können sie beispielsweise eine alternative Vergleichsdimension betonen oder „kreieren", auf der ihre Gruppe besser abschneidet („Wir türkischstämmigen Schüler sind zwar schlechter in den Hauptfächern. Dafür sind wir aber besser in Sport, und das ist männlicher").

Eine andere Möglichkeit besteht darin, eine Uminterpretation der ursprünglichen Vergleichsdimension vorzunehmen. Beispielsweise kann ein schlechter Umgang mit der deutschen Sprache als „cooler Slang" uminterpretiert werden; oder ein ursprünglich abwertender Begriff für die Eigengruppe wird übernommen und positiv definiert.

Eine weitere Strategie, die zur positiven Definition der eigenen Gruppe beitragen kann, besteht darin, die Vergleichsgruppe zu wechseln. Türkischstämmige Schüler könnten sich beispielsweise statt mit deutschstämmigen Schülern mit Schülern aus anderen kulturellen Gruppen vergleichen und versuchen, diesen überlegen zu sein.

Strategien der sozialen Kreativität sollten insbesondere dann gewählt werden, wenn die Mitglieder der Gruppen annehmen, dass der Status quo zwischen Eigen- und Fremdgruppe auf der ursprünglichen (und gesellschaftlich relevanten) Vergleichsdimension illegitim, aber gleichzeitig relativ stabil ist. Soziale Kreativitätsstrategien tragen zwar zu einer Änderung der innerhalb einer Gruppe geteilten Definition der sozialen Identität bei (und insofern handelt es sich um kollektive Strategien), an der *objektiven* Position der Gruppe in der Statushierarchie ändert sich allerdings nicht notwendigerweise etwas.

sozialer Wettbewerb: Schließlich können die Mitglieder statusniedriger Gruppen den überlegenen Status der Fremdgruppe auf der relevanten Dimension kollektiv herausfordern, indem sie in sozialen Wettbewerb mit der anderen Gruppe treten – mit dem Ziel, einen sozialen Wandel zu bewirken (d.h., die objektive Position der Gruppe in der Statushierarchie zu verbessern).

Sozialer Wettbewerb kann, je nach Kontext und Gegenreaktionen der Fremdgruppe unterschiedliche Formen annehmen (Wettstreit, kollektiver Protest, Revolutionen etc.) – charakteristischerweise beinhaltet der soziale Wettbewerb das Potenzial für offene Intergruppenkonflikte bis hin zu gewalttätigen Auseinandersetzungen. Um sich für kollektive Strategien des sozialen Wettbewerbs zu entscheiden, müssen Gruppenmitglieder davon überzeugt sein, der bestehende Status quo sei ungerechtfertigt und instabil und die entsprechende Strategie sei ein effektives Mittel, um die angestrebte soziale Veränderung zu erreichen. Zudem müssen sie sich stark mit ihrer Gruppe identifizieren.

Eine prominente Strategie sozialen Wettbewerbs ist die Formierung oder Beteiligung an einer sozialen Bewegung, welche die bestehende Dominanz der Fremdgruppe herausfordert und attackiert. Auf die sozialpsychologischen Prozesse, die zur sozialen Bewegungsbeteiligung führen, wird in Kapitel 6 näher eingegangen.

Die Annahmen der „Theorie der sozialen Identität" werden durch eine Vielzahl von empirischen Befunden gestützt (z.B. Turner/Reynolds 2003). Abb. 5.1 fasst die postulierten Determinanten der Strategiewahl noch einmal zusammen. Offener Konflikt zwischen Gruppen ist dann wahrscheinlich, wenn die soziale Identität als negativ wahrgenommen wird, die Gruppengrenzen undurchlässig sind und die Statusdifferenz zwischen der Eigen- und einer relevanten Fremdgruppe als illegitim und instabil angesehen werden.

5.2 Verbesserung von Intergruppenbeziehungen

Sozialpsychologische Forschungsansätze zur Verbesserung von Intergruppenbeziehungen haben sich aus zwei unterschiedlichen theoretischen Traditionen heraus entwickelt: aus den Forschungen zu „sozialer Kategorisierung" und „sozialer Identität" sowie der Forschung zur „Kontakthypothese". Eine weitere Forschungstradition beschäftigt sich mit Prozessen der Versöhnung im Kontext langanhaltender Konflikte zwischen Gruppen.

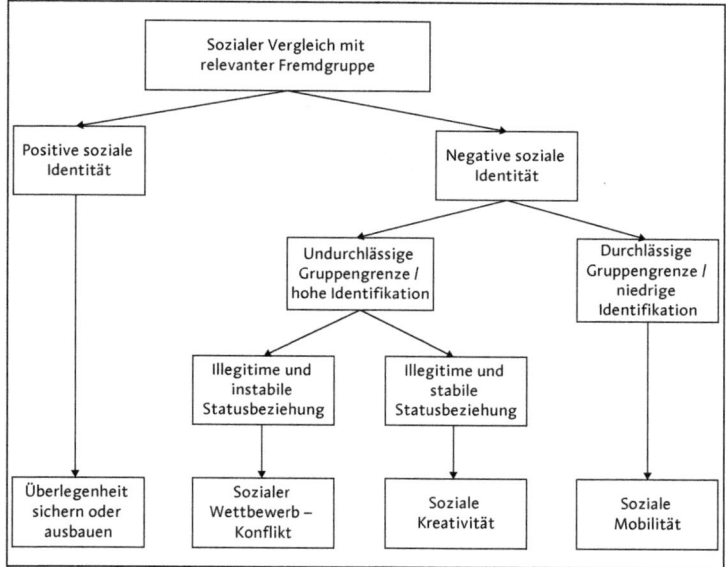

Abb. 5.1 Theorie der sozialen Identität: Strategien im Umgang mit negativer sozialer Identität

5.2.1 Veränderungen der sozialen Kategorisierung

Da soziale Kategorisierung eine notwendige Voraussetzung für Stereotypisierungsprozesse und soziale Diskriminierung ist, haben sich zahlreiche Forscherinnen und Forscher damit beschäftigt, ob sich Intergruppenbeziehungen durch gezielte Veränderungen der sozialen Kategorisierung von Personen verbessern lassen.

Dekategorisierung – das „Personalisierungsmodell": Eine zentrale Folge der sozialen Kategorisierung besteht in der De-Individualisierung von Mitgliedern der Fremdgruppe („Die sind alle gleich!"). Infolgedessen werden Mitglieder der Fremdgruppe relativ undifferenziert als Repräsentanten einer homogenen Kategorie behandelt, wobei individuelle Unterschiede zwischen den Mitgliedern dieser Kategorie vernachlässigt oder ignoriert werden. Ziel von Dekategorisierungsmaßnahmen ist es daher, die Salienz sozialer Kategorisierung zu reduzieren und Möglichkeiten zu bieten, Fremdgruppenmitglieder als individuelle Personen mit einzigartigen Eigenschaften, Interessen, Präferenzen etc. kennenzulernen (z.B. Brewer/Miller 1984). Neben der Förderung personalisierten Kontaktes (bspw. durch interkulturelle Projekte) spielt die Förderung der Wahrnehmung von „Kreuzkategorisierungen" eine wichtige Rolle. Kreuzkategorisierungen sind potenziell orthogonal zueinander stehende soziale Kategorisierungen, durch die Personen sowohl als Mitglieder unterschiedlicher Gruppen (z.b. als Deutscher oder als Türke) als auch als Mitglieder einer gemeinsamen Gruppe kategorisiert werden können (so als Männer im Unterschied zu Frauen). Saliente Kreuzkategorisierungen unterminieren die negativen Effekte einer einzelnen salienten Kategorie (Mullen et al. 2001).

Tatsächlich zeigen Untersuchungen auch, dass Personen, deren Selbstbild durch die Zugehörigkeit zu vielen (und potenziell orthogonalen) Kategorien geprägt ist (Personen mit einer durch chronische Kreuzkategorisierung geprägten komplexen Identität), weniger dazu neigen, Mitglieder anderer Gruppen abzuwerten (Roccas/Brewer 2002).

Rekategorisierung – das „Common-Ingroup-Identity-Modell": Im Unterschied zu Dekategorisierungsmaßnahmen besteht das Hauptziel von Maßnahmen der Rekategorisierung nicht darin, die soziale Kategorisierung zu reduzieren. Vielmehr geht es darum, die Inklusivität der Kategorisierung zu erhöhen, indem der soziale Vergleichsprozess auf eine relativ abstraktere Kategorisierungsebene verlagert wird (Gaertner/Dovidio 2000). Die ursprünglichen Eigen- und Fremdgruppenmitglieder (Deutsche und Polen) werden dadurch als Teil einer neuen übergeordneten sozialen Kategorie definiert (Europäer), die sich auf der veränderten Vergleichsebene von anderen Fremdgruppen unterscheidet (z.B. Asiaten). Im Idealfall wird durch den Prozess der Rekategorisierung im Sinne einer gemeinsamen Eigengruppe („common ingroup") die Wertschätzung der ursprünglichen Fremdgruppenmitglieder auf das Niveau der Eigengruppe angehoben (d.h., sie werden als Eigengruppenmitglieder wahrgenommen und behandelt).

Wechselseitige Differenzierung: Hewstone und Brown (1986) argumentieren, dass es für die Generalisierung von positiven Erfahrungen mit Fremdgruppenmitgliedern in einer Kontaktsituation notwendig ist, dass die Mitglieder der gesamten Fremdgruppe tatsächlich auch als solche wahrgenommen werden. Statt die Salienz von Eigen- und Fremdgruppenkategorisierungen zu verändern (wie im „Personalisierungsmodell" oder im „Common-Ingroup-Identity-Modell" vorgeschlagen) müsse daher sichergestellt sein, dass die Kategorisierung im Kontakt aufrechterhalten bleibt. Die Gruppen sollten daher in eine positive Interdependenzsituation gebracht werden (indem sie z.B. zur Erreichung eines gemeinsamen Zieles kooperieren müssen), in der von den Eigen- und Fremdgruppenmitgliedern distinkte, aber zugleich komplementäre Rollen übernommen werden. Dieser Kontakt sollte die Respektierung und Wertschätzung dieser Unterschiede im gegenseitigen Umgang fördern, ohne dass dabei die eigenen (positiv bewerteten) Gruppenidentitäten aufgegeben werden müssten. Im Idealfall führt dies dazu, dass Vorurteile abgebaut und die positiven Eindrücke aus der Kontaktsituation auf die Fremdgruppe insgesamt übertragen werden (Brown et al. 1999).

5.2.2   Strukturierter Intergruppenkontakt

Mit der Formulierung der „Hypothese des Intergruppenkontaktes" legte der US-amerikanische Psychologe Gordon Allport den Grundstein für eine weitere Forschungstradition, die sich mit der Verbesserung von Intergruppenbeziehungen befasst. Allport formulierte seine Annahmen folgendermaßen:

> „Vorurteile können (wenn sie nicht tief in der Persönlichkeit des Einzelnen verwurzelt sind) durch gleichberechtigten Kontakt zwischen Majorität und Minorität beim Verfolgen gemeinsamer Ziele verringert werden. Die Wirksamkeit ist sehr viel größer, wenn der Kontakt durch institutionelle Unterstützung sanktioniert wird (z.B. durch Gesetz, Sitten und die örtliche Atmosphäre) und so beschaffen ist, dass er zur Entdeckung gemeinsamer Interessen und der gemeinsamen Menschlichkeit beider Gruppen führt." (Allport 1954, 281, eigene Übersetzung).

Im Folgenden werden die zentralen Annahmen der „Kontakthypothese" inklusive der aktuellen theoretischen Weiterentwicklungen dargestellt.

Kontaktbedingungen

Allports Formulierung legt nahe, dass Kontakt zwischen Gruppen unter folgenden Bedingungen zu einer Reduktion von Vorurteilen führt: gemeinsame Ziele, intergruppale Kooperation, gleicher Status zwischen den Gruppen und Unterstützung durch Autoritäten, Normen oder Gesetze. Pettigrew (1998) betont zudem, dass der Kontakt die Möglichkeit bieten sollte, Freundschaften über Gruppengrenzen hinweg zu entwickeln.

Gemeinsame übergeordnete Ziele: Es gibt zahlreiche Belege dafür, dass gemeinsame übergeordnete Ziele in der Kontaktsituation ein Schlüsselfaktor für den Erfolg von Kontaktmaßnahmen sind (z. B. Sherif et al. 1961). Übergeordnete Ziele sind solche, die von beiden Gruppen angestrebt und geschätzt werden, aber nicht von einer Gruppe allein, sondern nur durch gemeinsame Anstrengungen erreicht werden können. Diese Erfahrung macht eine Neuorientierung im Umgang mit Mitgliedern der Fremdgruppe erforderlich und bereitet den Nährboden für Kooperation und Solidarität.

Kooperation: Das Erreichen übergeordneter Ziele sollte an Kooperation zwischen den Gruppen gebunden sein und den Wettbewerb zwischen den Gruppen ausschließen. Die „Sommerlager-Feldstudien" von Sherif und Mitarbeitern (1961) sowie nachfolgende Forschungsarbeiten liefern eindrucksvolle Belege dafür, wie sich Vorurteile und Feindseligkeiten durch Kooperationen zur Erreichung gemeinsamer, übergeordneter Ziele reduzieren lassen. Eine prominente und überaus erfolgreiche Interventionsmaßnahme, welche die Initiierung intergruppaler Kooperation zur Reduktion von interkulturellen Spannungen im Klassenzimmer einsetzt, ist die von Aronson und Mitarbeitern entwickelte „Jigsaw-Methode" (z. B. Aronson/Patnoe 1997). Kernelement dieser Methode ist, dass Schülerinnen und Schüler in ethnisch und leistungsmäßig heterogenen Kleingruppen zusammenarbeiten, wobei jede Kleingruppe eine Teilaufgabe eines übergeordneten Projektes bearbeitet. Die Mitglieder einer Kleingruppe erhalten unterschiedliche Informationen, sodass die Kleingruppen ihre Aufgabe nur durch Kooperation lösen können.

Gleicher Status: Der kooperative Kontakt zwischen den Mitgliedern unterschiedlicher Gruppen soll zu einem Verlernen bzw. der Korrektur vorgefertigter negativer Annahmen führen. Ist die

Beziehung innerhalb der Kontaktsituation allerdings durch die gleichen Statusunterschiede gekennzeichnet, die auch die Beziehungen der Gruppen außerhalb der Kontaktsituation charakterisieren, besteht die Gefahr, dass die Interaktionen stereotypischen Mustern folgen. Eine Reihe von Studien zeigt, dass die von den Gruppenmitgliedern wahrgenommene Statusgleichheit ihrer Gruppe in der Kontaktsituation eine wichtige Rolle für den Erfolg von Kontaktmaßnahmen spielt (z.B. Schofield/Eurich-Fulcer 2001).

Autoritäten, Normen und Gesetze: Autoritäten und Institutionen können Normen und Regeln etablieren, die einen gleichberechtigten Umgang zwischen Mitgliedern unterschiedlicher Gruppen fördern – und damit den Abbau von Vorurteilen durch Kontakt. Obwohl ein toleranter und respektvoller Umgang nicht per Gesetz verordnet werden kann, können gesetzliche Maßnahmen – wie beispielsweise die Garantie von Bürgerrechten oder Anti-Diskriminierungsgesetze – die Erreichung dieses Ziels ebenfalls entscheidend vorantreiben. Gesetzliche Maßnahmen unterstützen den sozialen und ökonomischen Status von unterprivilegierten Gruppen und können so einem gleichberechtigten Kontakt mit anderen Gruppen den Weg bereiten. Zudem kann die Schaffung gesetzlicher Regelungen die Entwicklung von Verhaltensstandards im alltäglichen Umgang fördern, die sich gegen den offenen Ausdruck von Vorurteilen richten (z.B. in Form von rassistischen Kommentaren oder Witzen). Dies wiederum erweitert die Möglichkeiten für die Entstehung positiver Intergruppenkontakte.

Freundschaftspotenzial: Freundschaften bestehen üblicherweise über einen längeren Zeitraum und ermöglichen damit die wiederholte Erfahrung positiver Interaktionen mit Fremdgruppenmitgliedern. Zudem ist es wahrscheinlich, dass in Freundschaftsbeziehungen alle von Allport spezifizierten Kontaktbedingungen vorliegen. Darüber hinaus fördern Freundschaften auch den langfristigen Aufbau affektiver Bindungen – ein, wie in Kürze näher erläutert wird, besonders relevanter Prozess im Zusammenhang mit der Überwindung von Vorurteilen. Die besondere Bedeutung von intergruppalen Freundschaften für den Abbau von Vorurteilen wird durch eine Reihe von Studien unterstützt, die zeigen, dass Personen, die Freundschaften zu Mitgliedern anderer kultureller, religiöser oder sozialer Gruppen pflegen, diesen Gruppen gegenüber eine positivere Einstellung aufweisen als andere Personen (z.B. Pettigrew 1997). Weitere Studien zeigen überdies, dass es unter gewissen Umständen nicht einmal unbedingt notwendig ist, dass man selbst mit einem Fremdgruppenmitglied befreundet ist. Schon das Wissen darum, dass enge Freunde intergruppale Freundschaften pflegen, kann eine Verbesserung eigener Einstellungen gegenüber der Fremdgruppe bewirken – ein Befund, der als „erweiterter Kontakteffekt" in die Literatur eingegangen ist (Wright et al. 1997).

Das Problem der Generalisierung

Eine besondere Herausforderung von Interventionsmaßen auf der Basis der „Kontakthypothese" betrifft die Generalisierung, d.h. die Übertragung von positiven Kontakterfahrungen mit individuellen Mitgliedern einer Fremdgruppe in einer spezifischen Situation auf die Fremdgruppe insgesamt bzw. auf andere Situationen. Wie die sozialpsychologische Stereotypenforschung zeigt, gibt es eine Reihe von Prozessen, die der Generalisierung entgegenstehen.

Wegerklären: Wenn Menschen feststellen, dass die Eigenschaften und Verhaltensweisen eines Fremdgruppenmitglieds nicht ihren Stereotypen entsprechen, tendieren sie häufig dazu, diese Diskrepanz durch spezielle stereotypenkonsistente Argumente wegzuerklären („Mitglieder der Gruppe X sind jetzt nur freundlich zu uns, um ihre eigentlichen bösen Absichten zu verschleiern.").

Substereotypisierung: Selbst wenn eine Person mit zahlreichen Angehörigen einer Fremdgruppe konfrontiert ist, die ihren Stereotypen nicht entsprechen, kann sie ihre Stereotype aufrechterhalten. Dies erfolgt dadurch, dass die stereotyp-inkonsistenten Personen einem bestimmten Subtyp zugeordnet werden.

> **Substereotypisierung:** Ein Prozess, durch den Gruppenmitglieder, deren Eigenschaften und Verhaltensweisen dem Stereotyp nicht entsprechen, mental in einer Unterkategorie der sozialen Kategorie zusammengefasst werden.

So können Männer, die mit erfolgreichen und kompetenten Frauen zusammenarbeiten, ihr Stereotyp, Frauen seien im Allgemeinen für Führungspositionen ungeeignet, beispielsweise dadurch aufrechterhalten, dass sie erfolgreiche Frauen in die Subkategorie

„Karrierefrauen" einordnen – eine kognitive Strategie, für die es zahlreiche empirische Belege gibt (z. B. Richards/Hewstone 2001).

Kontrastierung: Ein weiterer Prozess, welcher der Aufrechterhaltung von Stereotypen dient, besteht in der übermäßigen Akzentuierung der Unterschiede zwischen den Personen, die nicht den Stereotypen entsprechen, und den restlichen Mitgliedern der Fremdgruppe. Die vom Stereotyp abweichende Person wird infolge dieses Prozesses als die „berühmte Ausnahme" von der Regel und als ein ganz und gar untypischer Einzelfall wahrgenommen.

Schritte zur Generalisierung

Wie kann man nun aber sicherstellen, dass die positiven Effekte des Kontaktes mit individuellen Mitgliedern einer Fremdgruppe in einer spezifischen Situation auf die Fremdgruppe insgesamt (und auf andere Situationen) übertragen werden? In seiner Reformulierung der „Kontakthypothese" hat Pettigrew (1998) Modelle der sozialen Kategorisierungsforschung (Dekategorisierungs-, Rekategorisierungs- und wechselseitige Differenzierungsmodelle) und Forschungsarbeiten zur „Kontakthypothese" in eleganter Art und Weise kombiniert. Er argumentiert, dass jeder der von den Kategorisierungsmodellen postulierten Prozesse für den Erfolg von Kontakt (bzw. die Generalisierung von Kontakteffekten) eine wichtige Rolle spielt, allerdings in unterschiedlichen zeitlichen Phasen des Kontaktes. Sein Modell sieht folgende (idealtypische) zeitliche Sequenz für eine optimale Wirkung von Kontakt vor:

Initialer Kontakt: In einer ersten Phase, und zur Förderung der Bereitschaft, überhaupt miteinander in Kontakt zu treten, sollten – wie von Brewer und Miller (1984) vorgeschlagen – Prozesse der Dekategorisierung bzw. Personalisierung unterstützt werden. Um dies zu erreichen, können beispielsweise in einem ersten Schritt zur Erreichung des übergeordneten gemeinsamen Kooperationszieles gruppenübergreifende Projektteams gebildet werden, die jeweils bestimmte Teilaufgaben erfüllen (ein Rechercheteam, ein Kreativteam etc.), wobei die Zuordnung der Teilnehmer zu den unterschiedlichen Teams auf der Grundlage individueller Interessen, Fähigkeiten oder Neigungen erfolgt. Im optimalen Fall sollte dies dazu führen, dass sich innerhalb der Teams auf der Grundlage ähnlicher individueller Interessen freundschaftliche Beziehungen zwischen Mitgliedern unterschiedlicher Gruppen entwickeln, was wiederum zu einer Reduktion negativer Emotionen (Unsicherheiten, Berührungsängste, Antipathien) und stereotypischer Wahrnehmungen beiträgt, die den Kontakt hemmen.

Etablierter Kontakt: Damit Personen positive Kontakterfahrungen mit einzelnen Fremdgruppenmitgliedern auf die Fremdgruppe insgesamt übertragen, muss sichergestellt sein, dass sie diese einzelnen Mitglieder als typische Vertreter der Fremdgruppe wahrnehmen und nicht als atypische Ausnahmen oder als Mitglieder einer bestimmten Subkategorie. Nachdem in der ersten Kontaktphase der Boden für einen freundschaftlichen und kooperativen Umgang bereitet worden ist, sollte daher in der zweiten Phase des Kontaktes die Gruppenzugehörigkeit wieder in den Fokus rücken. Im Einklang mit Hewstones und Browns (1986) „Modell der wechselseitigen Differenzierung" sollten die Gruppen daher in eine positive Interdependenzsituation gebracht werden, in der gruppentypische, aber zugleich komplementäre Rollen übernommen werden, die im Zusammenhang zur Zielerreichung stehen. Im Idealfall führt dies dazu, dass Vorurteile abgebaut und die positiven Eindrücke aus der Kontaktsituation auf die Fremdgruppe insgesamt übertragen werden.

Gemeinsame Gruppe: Die veränderte positive Beziehung zur relevanten Fremdgruppe kann auf lange Sicht auch dazu führen, dass zunehmend Gemeinsamkeiten zwischen der Eigen- und der Fremdgruppe wahrgenommen werden, was letztlich im Sinne von Gaertners und Dovidios „Common-Ingroup-Identity-Modell" (2000) zur Rekategorisierung als gemeinsame Gruppe führen kann. Idealerweise führt dies zu einer maximalen Reduktion von Vorurteilen und Feindseligkeiten.

Eine grundlegende theoretische Kritik richtet sich gegen die individualistische Logik, der die „Kontakthypothese" folgt (z. B. Dixon et al. 2005). Der „Kontakthypothese" zufolge besteht ein Schlüssel für harmonische Intergruppenbeziehungen in der Reduktion individueller Vorurteile. Die weiter oben dargestellten Theorien (die „Theorie des realistischen Gruppenkonfliktes", die „Theorie der sozialen Identität") legen allerdings nahe, dass Vorurteile häufig eher eine Konsequenz denn die Primärursache von Konflikten zwischen Gruppen sind. Interventionsmaßnahmen, welche die kollektiven oder strukturellen Ursachen von Intergruppenkonflikten vernachlässigen (z. b. Ressourcen- oder Statusungleichheiten), führen dieser Kritik zufolge daher bestenfalls zu eingeschränkten sozialen Veränderungen. Schlimmstenfalls tragen sie sogar zur Aufrechterhaltung bestehender struktureller Diskriminierung bei, indem sie bestehende Ungleichheiten durch ein Klima der Scheintoleranz verschleiern. Letzteres wiederum untergräbt die Chancen benachteiligter Gruppen, strukturelle Diskriminierung durch kollektive Strategien zu bekämpfen. Mitglieder von Minoritäten stehen Kontaktinterventionen daher häufig auch skeptischer gegenüber als Mitglieder der Majorität (z. b. Hopkins/Kahani-Hopkins 2006).

Andererseits sollte man das besondere Potenzial strukturierten Intergruppenkontaktes nicht aus den Augen verlieren. Führen positive Kontakterfahrungen nämlich dazu, dass sich Mitglieder statushoher Gruppen mit der statusniedrigen Gruppe solidarisieren und gemeinsam mit dieser aktiv für den Abbau sozialer und institutioneller Diskriminierung eintreten, dann haben Kontaktmaßnahmen durchaus das Potenzial, weitreichende und nachhaltige politische und gesellschaftliche Veränderungen zu bewirken.

5.2.3   Intergruppale Versöhnung

Im Fall langjähriger gewaltsamer Konflikte zwischen Gruppen sind die wechselseitigen Wahrnehmungen von starken negativen Gefühlen wie Hass, Wut oder Furcht geprägt. Aufgrund der langjährigen negativen Interaktionserfahrungen ist das Vertrauen in die Versöhnungsbereitschaft der gegnerischen Partei zudem oft derart gering, dass selbst positiv gemeinte Angebote oder Gesten missinterpretiert werden.

In einer experimentellen Studie zu Determinanten von Versöhnungsprozessen im Kontext des Palästinakonfliktes untersuchten Nadler und Liviatan (2006) die Auswirkungen von Entschuldigungen von politischen Führern der Gegenseite auf die Versöhnungsbereitschaft. Zu diesem Zweck präsentierten sie ihren Untersuchungspersonen (jüdischen Israelis) unterschiedliche Versionen der Rede eines Palästinenserführers. In einer Version drückte er Mitgefühl für das durch den Konflikt verursachte Leiden der jüdisch-israelischen Bevölkerung aus; in einer anderen Version fehlte der Ausdruck von Mitgefühl.

Intuitiv könnte man erwarten, dass sich der Ausdruck von Mitgefühl generell positiv auf die Versöhnungsbereitschaft auswirkt. Wie die Forscher vermutet hatten, war dies allerdings nur bei denjenigen Israelis der Fall, die Palästinensern schon vor der Rede ein gewisses Maß an Vertrauen entgegenbrachten. Bei denjenigen, die Palästinensern generell wenig oder gar nicht vertrauten, wirkte sich der Ausdruck von Mitgefühl durch den politischen Führer hingegen sogar negativ auf ihre Versöhnungsbereitschaft aus (wahrscheinlich, weil sie hinter dem Verhalten ein politisches Täuschungsmanöver vermuteten).

Aufgrund der Bedeutung emotionaler Prozesse im Kontext langanhaltender Konflikte lässt sich Versöhnung zwischen Gruppen definieren als der „Prozess der Beseitigung emotionaler Barrieren, die den Weg zur Beendigung des Intergruppenkonflikts blockieren." (Nadler/Shnabel 2008, 39, eigene Übersetzung). In ihrem bedürfnisbasierten Modell der Versöhnung unterscheidet die Forschergruppe um Nadler zwischen zwei Kategorien emotionaler Barrieren: zum einen Gefühle des Misstrauens zwischen den Konfliktparteien, zum anderen Gefühle, die einer wahrgenommenen Bedrohung der eigenen Identität entspringen. Die Überwindung von Misstrauen lässt sich dem Modell zufolge als „instrumentelle" Versöhnung auffassen, da neues Vertrauen zwischen vormals gegnerischen Gruppen häufig aus kooperativen Anstrengungen zur Erreichung eines gemeinsamen und übergeordneten Zieles resultiert. Um das Gefühl der Identitätsbedrohung aufzulösen, muss allerdings auch ein Prozess der „sozioemotionalen Versöhnung" initiiert werden, bei dem die distinkten emotionalen Bedürfnisse von Tätern und Opfern wechselseitig akzeptiert und befriedigt werden. Von besonderer Bedeutung ist die Annahme, dass *sowohl* Täter *als auch* Opfer durch den Konflikt eine Bedrohung ihrer Identität erleben und dass deshalb Formen einer einseitigen Bedürfnisbefriedigung nicht zum Ende des Konfliktes führen.

Im Fall der Opfergruppe steht die Verletzung des Bedürfnisses nach Kontrolle über die eigenen Lebensumstände aufgrund der Übergriffe durch die Tätergruppe im Vordergrund. Die Opfergruppe erwartet dem Modell zufolge daher ein Eingeständnis der Schuld und eine Versicherung, dass sich diese Übergriffe nicht wiederholen. Mitglieder der Tätergruppe sehen aufgrund ihrer Taten hingegen ihr moralisches Ansehen bedroht und fürchten den Ausschluss aus der moralischen Wertegemeinschaft. Die Tätergruppe hat daher ein erhöhtes Bedürfnis nach moralischer Rehabilitation und erwartet Vergebung. Bei der sozioemotionalen Versöhnung stehen somit das Eingeständnis vergangenen Fehlverhaltens durch die Tätergruppe und die Vergebung durch die Opfergruppe im Zentrum („apology-forgiveness cycle"). Erkennt die Tätergruppe die eigene Verantwortung für die historischen Vergehen an und bittet die Opfergruppe um Verzeihung, so ermächtigt sie dadurch die Opfergruppe, Vergebung zu gewähren oder zu verweigern. Auf diese Weise wird das Bedürfnis der Opfergruppe nach (Wieder-)Erlangung der Kontrolle erfüllt. Durch die Vergebung wiederum wird das Bedürfnis der Tätergruppe nach moralischer Rehabilitation befriedigt. Studien in unterschiedlichen Kontexten gravierender Intergruppenkonflikte (Palästinakonflikt, Holocaust) liefern modellkonforme Ergebnisse (Shnabel et al. 2009).

6 Kollektives Handeln

Zahlreiche gesellschaftliche Herausforderungen – Armut und Chancenungleichheit, Rassismus und Diskriminierung, Umweltzerstörung und Naturverbrauch – lassen sich nur durch konzertierte Anstrengungen einer großen Anzahl von Personen (d.h. durch kollektives Handeln) bewältigen. Eine wirkungsvolle kollektive Handlungsstrategie, um entsprechende gesellschaftliche Veränderungen herbeizuführen, ist die Formierung oder Unterstützung einer sozialen Bewegung. In der Realität zeigt sich allerdings, dass häufig nur ein relativ geringer Prozentsatz derjenigen, die mit den Zielen einer sozialen Bewegung sympathisieren, tatsächlich aktiv an konkreten Aktionen der Bewegung teilnimmt (z.B. an Protestaktionen, Kundgebungen, Unterschriftenaktionen). Die Frage, wann und warum sich Menschen an sozialen Bewegungen beteiligen (bzw. wann und warum sie dies nicht tun), ist daher ein Schlüsselthema für eine gesellschaftspolitisch relevante Sozialpsychologie (Sherif 1970).

6.1 Begriffsbestimmung

Aus sozialpsychologischer Perspektive lässt sich eine soziale Bewegung definieren als:

> „... effort[s] by a large number of people, who define themselves, and are also often so defined by others, as a group, to solve collectively a problem they feel they have in common, and which is perceived to arise from their relations with other groups." (Tajfel 1981b, 244)

Mit anderen Worten, eine soziale Bewegung stellt eine soziale Gruppe dar, deren Ziel es ist, gemeinschaftlich sozialen Wandel herbeizuführen (oder auch zu verhindern). Die Träger oder Anhänger einer sozialen Bewegung handeln demnach nicht als Individuen, sondern als Mitglieder einer Gruppe bzw. eines Kollektivs. Soziale Bewegungsbeteiligung stellt daher eine Form (inter-)gruppalen Verhaltens dar.

Soziale Bewegungen setzen unterschiedliche Strategien ein, um ihre Ziele zu realisieren (Klandermans 1997, 89ff). Während sich nach *innen* gerichtete Aktivitäten der Bewegung an die eigenen Mitglieder oder Sympathisanten richten (z.B. der Aufbau von Netzwerken und Organisationsstrukturen), zielen nach *außen* gerichtete Aktivitäten (z.B. kollektiver Protest) darauf ab, sozialen Wandel im Sinne der Ziele der Bewegung herbeizuführen (oder einen Wandel entgegen den Zielen zu verhindern). Nach außen gerichtete Strategien lassen sich wiederum danach klassifizieren, ob sie eher moderat oder militant sind (Verteilung von Flugblättern vs. Sitzblockaden) bzw. ob sie sich innerhalb oder außerhalb eines gesellschaftlich definierten normativen Rahmens bewegen (genehmigte Protestkundgebungen vs. die Verwüstung öffentlicher Gebäude oder Institutionen).

Die aktive Teilnahme an einer sozialen Bewegung (die Partizipation) lässt sich anhand der Dimensionen „Aufwand" und „Zeitdauer" klassifizieren (Klandermans 1997). Die Partizipation kann:

- ein einmaliger Verhaltensakt sein, der wenig Aufwand oder Kosten beinhaltet (z.B. eine Petition unterschreiben);
- ein einmaliger Verhaltensakt sein, der jedoch sehr kostspielig und risikoreich ist (z.B. die Teilnahme an einer Sitzblockade oder an einer unerlaubten Demonstration);
- zeitlich unbegrenzt sein und wenig Kosten und Aufwand verursachen (bspw. einen jährlichen Mitgliedsbeitrag an eine formale Organisation der Bewegung entrichten) oder
- lang andauernd und aufwändig sein (z.B. dauerhafte und zeitintensive ehrenamtliche Mitarbeit in der Bewegung).

Die Beantwortung der Frage, wann und warum sich Menschen an sozialen Bewegungen beteiligen (bzw. warum sie dies nicht tun), lässt sich auf unterschiedlichen Analyseebenen sozial- und verhaltenswissenschaftlicher Forschung untersuchen (Neidhardt/Rucht 1993). Analysen auf der Makroebene widmen sich den soziostrukturellen, politischen und organisatorischen Antezedenzien sozialer Bewegungen. Hierzu gehören die (soziologische) Analyse struktureller Spannungen bzw. Verwerfungen im gesellschaftlichen Gefüge (etwa im Sinne der Marx'schen Klassenanalyse) ebenso wie die Analyse von Mobilisierungsstrukturen (z.B. Netzwerkanalysen) und gesellschaftlichen Gelegenheitsstrukturen (z. B. die Rolle moderner Kommunikationsmedien). Die sozialpsychologische Analyse hat ihren Schwerpunkt an der Schnittstelle der Mikroebene (z. B. in der Analyse der Motive der Beteiligung oder Nichtbeteiligung) und der Mesoebene (z. B. in der Analyse der Generierung sozial geteilter Deutungen und Interpretationen).

6.2   Vier Stufen zur aktiven Partizipation

Ein prominenter Ansatz im Kontext der sozialpsychologischen sozialen Bewegungsforschung, der eine Vielzahl von Forschungsansätzen integriert, ist das Vier-Stufen-Modell von Bert Klandermans und Mitarbeitern (zusammenfassend: Klandermans 1997). Nach Klandermans muss ein potenzieller Bewegungsteilnehmer oder eine -teilnehmerin bis zur Teilnahme an Aktionen einer sozialen Bewegung die folgenden vier Stufen überwinden: Er/sie muss Teil des Mobilisierungspotenzials der sozialen Bewegung werden, Ziel werden von Mobilisierungsversuchen, Teilnahmemotivation entwickeln und schließlich Teilnahmebarrieren überwinden.

6.2.1   Mobilisierungspotenzial

Eine Person wird als Teil des Mobilisierungspotenzials betrachtet, wenn sie mit der entsprechenden sozialen Bewegung sympathisiert oder, präziser, wenn sie mit deren Anhängern einen „Collective Action Frame" teilt. Nach Gamson (1992) ist ein „Collective Action Frame" ein System sozial geteilter Meinungen und Überzeugungen, die zur Interpretation der sozialen Problemsituation herangezogen werden, und aus denen sich angemessene kollektive (Re-)Aktionen ableiten lassen. „Collective Action Frames" werden in sozialen Diskursen innerhalb und zwischen Gruppen generiert, in denen politische Meinungsführerinnen oder -führer eine zentrale Rolle spielen. Gamson unterscheidet drei Komponenten des „Collective Action Frame":

▪ **Ungerechtigkeitskomponente:** Soziale Diskriminierung, Benachteiligung oder Unterdrückung reflektieren Machtdifferenzen zwischen Gruppen. Damit sich Angehörige einer statusniedrigen

Gruppe einer sozialen Bewegung anschließen, müssen sie die bestehenden Machtdifferenzen und die daraus resultierenden sozialen und materiellen Ungleichheiten als illegitim ansehen.

Wie Theorien zur relativen Deprivation nahelegen, begünstigt die Wahrnehmung, die Eigengruppe habe nicht den ihr angemessenen Status, das Auftreten von gruppenbasiertem Ärger, Wut oder Empörung (Runciman 1966). Solche Gefühle fraternaler Deprivation spielen eine wichtige Rolle in der „Energetisierung" von Protesten. Ähnliche Gefühle können auch aus der Wahrnehmung resultieren, gesellschaftliche Autoritäten (z. B. die Regierung, die Justiz) verletzten beim Umgang mit sozialen Problemen Gerechtigkeitsprinzipien oder moralische Standards (Tyler/Lind 1992).

- **Identitätskomponente:** Die Identitätskomponente des „Collective Action Frame" bezieht sich auf die kollektive Definition eines „wir", das typischerweise in Abgrenzung zu einem „die", nämlich dem politischen Gegner, erfolgt (Gamson 1995).

    Eine Frage, die insbesondere in jüngerer Zeit in den Blickpunkt der Forschung gerückt ist, bezieht sich darauf, wann und durch welche Prozesse sozial geteilte Identitätskonstruktionen mit politischer Bedeutung versehen werden – wann definieren sich Frauen nicht nur als das „schöne Geschlecht", sondern auch als Feministinnen, die sich gegen patriarchalische Unterdrückung zur Wehr setzen? Wann verstehen sich Arbeiter als Teil einer politischen Klasse, die gegenüber Arbeitgebern selbstbewusst für ihre Interessen eintritt? Simon und Klandermans (2001) haben vorgeschlagen, dass der Politisierung sozialer Identitäten drei Prozesse vorausgehen:

- *Wahrnehmung sozial geteilter Missstände*: Die Gruppenmitglieder teilen die Auffassung, dass es sich bei der Benachteiligung nicht um individuelle, sondern um Formen kollektiver Benachteiligung handelt, die viele Mitglieder der Eigengruppe betreffen („the personal is political").
- *Ursachenzuschreibung auf einen Gegner*: Die Gruppenmitglieder identifizieren einen politischen Gegner, wie beispielsweise eine bestimmte Fremdgruppe, eine Autorität oder „das System", der für die Missstände verantwortlich ist.
- *Triangulation der weiteren Gesellschaft*: Die Gruppe weitet

die Konfrontation mit dem Gegner zu einem umfassenderen Machtkampf aus, der andere Gruppen, die Gesellschaft oder gesellschaftliche Repräsentanten dazu zwingt, Partei für die eine oder andere Seite zu ergreifen. Infolge dieser Prozesse gewinnt die soziale Identität zunehmend politische Bedeutung: Sie impliziert, sich selbstbewusst in einen Machtkampf für die Interessen der eigenen Gruppe zu engagieren.

▨ **Handlungskomponente:** Die Handlungskomponente des „Collective Action Frame" bezieht sich auf die Einschätzung der Möglichkeiten, kollektive Ziele durchzusetzen. Diese Einschätzung kann auf zwei unterschiedlichen Überzeugungen beruhen. Erstens auf der Überzeugung, dass sich die bestehenden Strukturen durch kollektives Handeln tatsächlich verändern lassen (Tajfel/Turner 1986). Zudem muss die Überzeugung vorherrschen, dass die soziale Bewegung auch ein effektiver Agent kollektiven Handelns ist (Klandermans 1989).

6.2.2   Mobilisierungsversuche

Sympathie mit der sozialen Bewegung bzw. die Übernahme eines „Collective Action Frame" sind notwendige, aber keine hinreichenden Bedingungen dafür, dass sich Menschen tatsächlich an Aktionen einer sozialen Bewegung beteiligen. Angehörige des Mobilisierungspotenzials müssen im Hinblick auf konkrete Aktionen (z.B. Demonstrationen, Kundgebungen) *aktiviert* werden. Dabei spielen soziale *Netzwerke* (entweder auf der Basis von „Face-to-Face-Kontakten" oder virtuelle soziale Netzwerke) eine überaus wichtige Rolle. Je breiter das Netzwerk und je enger die Verbindungen zu anderen Organisationen und Netzwerken, desto größer ist die Anzahl der Personen, die Ziel von Mobilisierungsversuchen werden können (McAdam/Paulsen 1993).

6.2.3   Teilnahmemotivation

Aufbauend auf der „Collective Action Theory" (Olson 1968) beschreibt Klandermans die Motivation zur Teilnahme als Resultat einer Kosten-Nutzen-Bilanzierung. Zentral für diese Überlegung ist Olsons Unterscheidung zwischen „kollektiven" und „selektiven Nutzen" bzw. entsprechenden Kosten.

Der „kollektive Nutzen" bezieht sich auf die Ziele einer sozialen Bewegung (z. B. gleiche Rechte, Löhne). Die Realisierung dieser Ziele kommt allen Menschen zugute, unabhängig davon, ob sie sich selbst für die Zielerreichung eingesetzt haben oder nicht. Beispielsweise haben alle Angehörigen einer sozialen Minorität die Möglichkeit, von einem Antidiskriminierungsgesetz zu profitieren, unabhängig davon, ob sie sich an Aktionen zur Erreichung dieses Zieles beteiligt haben oder nicht. Der kollektive Nutzen kann daher als motivationaler Anreiz unzureichend sein, da Sympathisanten darauf spekulieren können, von der Aktivität anderer Personen zu profitieren („Trittbrett-Fahrer-Problem").

Potenzielle Trittbrett-Fahrerinnen oder -fahrer benötigen dieser Logik zufolge Anreize durch zusätzliche „selektive Nutzenfaktoren", um sich aktiv zu beteiligen. Dieser selektive Nutzen resultiert aus der Teilnahme selbst. Er lässt sich in sozial-normative Nutzenfaktoren (z. B. Anerkennung von Freunden oder Kollegen) und in nicht soziale Nutzenfaktoren unterteilen (z. B. Streikgeld).

Dem Modell zufolge werden die erwarteten kollektiven und selektiven Nutzen mit den erwarteten Verhaltenskosten verrechnet; die Teilnahmemotivation ist demzufolge dann hoch, wenn der erwartete Nutzen die erwarteten Kosten übersteigt. Im Laufe der letzten Jahrzehnte konnte die Bedeutung dieser Kalkulationsprozesse für die Motivationsentwicklung in einer Vielzahl von empirischen Studien in unterschiedlichen sozialen Bewegungskontexten nachgewiesen werden (z. B. Stürmer/Simon 2004).

6.2.4   Teilnahmebarrieren

Die Motivation oder Bereitschaft, an kollektiven Aktionen teilzunehmen, ist allerdings immer noch keine hinreichende Bedingung für die tatsächliche Teilnahme. Hindernisse und Barrieren, die jenseits der Kontrollmöglichkeiten eines motivierten Sympathisanten oder einer Sympathisantin liegen, können ihn/sie an der tatsächlichen Bewegungsteilnahme hindern (z. B. Defekt des Verkehrsmittels zum Veranstaltungsort). Die tatsächliche Teilnahme hängt daher davon ab, ob Sympathisanten über die erforderlichen Fähigkeiten und Ressourcen verfügen, um Barrieren zu überwinden.

Klandermans und Oegema (1987) haben ihr Modell u. a. anhand einer Untersuchung der Teilnahme an Aktionen der niederländischen Friedensbewegung empirisch belegt. Wie die Ergebnisse zeigten, passierten nicht einmal fünf Prozent der Personen, die noch auf Stufe 1 mit der Friedensbewegung sympathisierten, die vierte Stufe und nahmen tatsächlich an der Friedensdemonstration teil, die 1983 in Den Haag stattfand.

6.3   Jenseits individueller Kosten und Nutzen: soziale Identifikation und Emotionen

Die Kritik an dem Modell von Klandermans innerhalb der sozialpsychologischen Forschung richtet sich vor allem gegen die Konzeption des potenziellen Teilnehmers als individuellen Kosten-Nutzen-Analytiker. Dabei wird insbesondere die Vernachlässigung der Einflüsse von Gruppenprozessen auf die Entscheidungsprozesse kritisiert.

Mitglieder von Gruppen engagieren sich auch dann für kollektive Ziele, wenn sie persönlich nicht von deren Durchsetzung profitieren – sei es, weil sie selbst nicht direkt von den Missständen betroffen sind oder weil absehbar ist, dass ihr Engagement erst nachfolgenden Generationen zugutekommen wird (z. B. Kelly/Breinlinger 1996). Das Engagement „transzendiert" somit die individuelle Existenz (und die damit assoziierten Bedürfnisse). Um soziales Engagement für kollektive Ziele zu verstehen, bedarf es daher einer erweiterten Perspektive, die über das Individuum hinausgeht und die Beziehung zwischen Individuum und Gruppe stärker in den Blick nimmt.

Diese Erkenntnis hat in den vergangenen Jahren zu einem verstärkten Interesse an der Perspektive des sozialen Identitätsansatzes (Tajfel/Turner 1986; Turner et al. 1987) geführt. Im Kontext dieser Entwicklung werden zunehmend auch gruppenbasierte emotionale Prozesse als Determinanten der Teilnahmemotivation untersucht.

6.3.1 Soziale Identifikation als Determinante der Teilnahmemotivation

Verschiedene Autoren haben argumentiert, dass soziale Identitäts-prozesse auf allen Stufen des Modells von Klandermans (1997) von Bedeutung sind (z.B. Haslam 2004). Soziale Bewegungen konstituieren sich häufig aus den Mitgliedern bereits bestehender Gruppen oder sozialer Kategorien (z.B. Arbeiter, Frauen, ethnische, religiöse oder sexuelle Minoritäten). Dies sollte insbesondere die Generierung und Verbreitung von „Collective Action Frames" erleichtern (Stufe 1 des Modells von Klandermans).

Da Personen, die sich stark mit ihrer Gruppe identifizieren, eher bereit sind, sich von Mitgliedern ihrer Eigengruppe überzeugen zu lassen, sollte eine starke kollektive Identität auch die Wahrscheinlichkeit des Erfolges von Mobilisierungsversuchen seitens der Initiatoren einer sozialen Bewegung erhöhen (Stufe 2 des Modells von Klandermans). Überdies ist anzunehmen, dass Personen, die sich stark kollektiv identifizieren, selbst eine aktive Rolle in der Mobilisierung übernehmen, beispielsweise indem sie ihre Freundschaftsnetzwerke aktivieren.

Im Folgenden werden wir uns intensiver mit der Frage befassen, wie und warum sich die Selbstdefinition im Sinne sozialer Identität auf die Motivation zur Teilnahme auswirkt (Stufe 3 des Modells von Klandermans). Die neuere Forschungsliteratur verweist u.a. auf die folgenden beiden Prozesse:

Beeinflussung von Kosten-Nutzen-Kalkulationsprozessen: Selbstdefinition im Sinne sozialer Identität beeinflusst die oben diskutierten Kosten-Nutzen-Kalkulationsprozesse. In dem Maße, in dem sich Personen im Sinne ihrer sozialen Identität definieren, sollten solche Kosten und Nutzen im Kalkulationsprozess besonders ins Gewicht fallen, die mit der Gruppenzugehörigkeit in Verbindung stehen, während Kosten und Nutzen, die mit individuellen Motiven und Präferenzen in Verbindung stehen, an Gewicht verlieren sollten.

Forschungsarbeiten, die zeigen, dass Personen, die sich stark mit ihrer Gruppe identifizieren, eher bereit sind, auf eigene Vorteile zugunsten des Wohlergehens der Gruppe zu verzichten (van Vugt/ De Cremer 1999), liefern für diese Annahme deutliche Unterstützung. Gleiches gilt für Studien, die nahelegen, dass stark identifizierte Gruppenmitglieder sich selbst dann zugunsten der Gruppenziele engagieren, wenn dieses Verhalten mit individuellen Kosten für sie verbunden ist (Stürmer/Simon 2004).

Internalisierung von Gruppenzielen: Selbstdefinition im Sinne sozialer Identität kann auch eigenständige Motivationsprozesse in Gang setzen, die dann wiederum unabhängig von Kosten-Nutzen-Kalkulationen operieren. Der soziale Identitätsansatz legt nahe, dass die Übernahme einer sozialen Identität mit der Internalisierung von Normen, Werten und Zielen der Gruppe einhergeht (Haslam 2004). Gruppenspezifische Normen, Werte und Ziele werden in die eigene Identitätsdefinition aufgenommen und dadurch für das eigene Verhalten verbindlich; dies wiederum führt dazu, dass sich Gruppenmitglieder im Sinne der Gruppe verhalten und sich aktiv für deren Ziel engagieren (z.B. Stürmer/Simon 2009).

6.3.2   Gruppenbasierte Emotionen

Im Einklang mit einem generellen Trend in der psychologischen Forschung hat in den vergangenen Jahren auch in der sozialen Bewegungsforschung das Interesse an der Erforschung emotionaler Prozesse eine Renaissance erlebt. Die Erforschung von Emotionen als Determinanten von kollektivem Protest hat eine Vorgeschichte. So wurde insbesondere in frühen sozialwissenschaftlichen Erklärungsansätzen die Auffassung vertreten, dass Menschen in erster Linie durch irrationale und feindselige Emotionen wie Wut und Hass zu Protesten angestachelt werden (z.B. bei LeBon 1895/1947).

Die moderne sozialwissenschaftliche Forschung hat die Irrationalitätsannahme, die derartigen Analysen kollektiven Protestverhaltens zugrunde liegt, allerdings empirisch und theoretisch widerlegt (Turner et al. 1987). Dabei wird keineswegs in Abrede gestellt, dass emotionale Prozesse für die Erklärung von Protestverhalten von Bedeutung sind. Wie bereits vorher dargestellt, spielen Emotionen wie Verärgerung und moralische Empörung über sozial geteilte Missstände im Kontext aktueller Erklärungen kollektiver Politisierungsprozesse eine wichtige Rolle (z.B. Simon/Klandermans 2001). Allerdings werden diese Emotionen im Rahmen dieser Erklärungsansätze nicht als irrationale individuelle Phänomene betrachtet. Sie werden vielmehr als kollektive Phänomene betrachtet, die aus kollektiv geteilten Interpretationen der Intergruppenbeziehung resultieren (z.B. der Wahrnehmung kollektiver Benachteiligung oder unfairer Behandlung durch Fremdgruppen oder politische Autoritäten).

Die Bedeutung von gruppenbasierten Gefühlen (insbesondere Gefühlen, die aus der Wahrnehmung gruppenbezogener Ungerechtigkeiten resultieren) wird durch Befunde einer Meta-Analyse von van Zomeren et al. (2008) mit 182 unabhängigen Stichproben unterstrichen. Diese Analysen legen nahe, dass Gefühle gruppenbasierter Ungerechtigkeit einen Effekt auf die Teilnahmemotivation haben, der über die Einflüsse von Kosten-Nutzen-Kalkulations- und Identifikationsprozessen hinausgeht. Zudem scheinen gruppenbasierte Gefühle von Ungerechtigkeit die Politisierung von sozialer Identität zu begünstigen (Stürmer/ Simon 2009).

Schließlich ist darauf hinzuweisen, dass Ungerechtigkeitsgefühle, moralische Empörung oder Ärger zu nur einer Klasse von Emotionen zählen, die in der Forschung zu den Determinanten sozialer Bewegungsbeteiligung und kollektiven Handelns untersucht wird. Eine andere Klasse bezieht sich auf Empfindungen von Schuld oder Scham, die aus der Wahrnehmung eines kollektiven historischen Fehlverhaltens der Eigengruppe resultieren. Diese Emotionen werden insbesondere im Zusammenhang mit sozialen Bewegungen oder Initiativen untersucht, die sich für Restitutionsansprüche oder Entschädigungen der durch die Eigengruppe geschädigten Fremdgruppe einsetzen. Beispielsweise zeigen Forschungsarbeiten, dass Gefühle gruppenbasierter Schuld eine wichtige Motivationsquelle für die Bereitschaft von Mitgliedern privilegierter Gruppen sind, sich für unterprivilegierte soziale Gruppen einzusetzen (z.B. Iyer/Leach 2008).

6.4 Biografische Faktoren und individuelle Differenzen

Schließlich ist zu berücksichtigen, dass auch biografische Faktoren und individuelle Differenzen einen Beitrag zur Erklärung interindividueller Unterschiede in der sozialpolitischen Partizipation von Personen leisten. Mit Blick auf die vorangehende Darstellung werden wir uns im Folgenden auf Faktoren konzentrieren, die die Übernahme eines „Collective Action Frame" oder einer politisierten sozialen Identität begünstigen.

- **familiärer Hintergrund:** Forschungsarbeiten zu Unterschieden zwischen sozialpolitischen Aktivisten und politisch inaktiven Personen weisen auf die Bedeutung von politischen Sozialisationserfahrungen innerhalb der Herkunftsfamilie hin. Insbesondere eine (links-)liberale Orientierung innerhalb der Familie scheint offenbar eine spätere sozialpolitische Partizipation zu begünstigen (Braungart/Braungart 1990). Vermutlich erhöht eine solche Orientierung die Wahrscheinlichkeit, dass den Kindern gruppen- oder klassenorientierte (statt individuumsorientierte) Erklärungen für soziale Missstände vermittelt werden, was wiederum die Übernahme von gruppenbezogenen „Collective Action Frames" erhöht.

- **sozioökonomischer Status und Bildungsgrad:** Einer der konsistentesten Befunde im Hinblick auf das soziodemografische Profil politisch aktiver Personen ist, dass diese typischerweise aus ökonomisch eher privilegierten Verhältnissen kommen und einen höheren Bildungsgrad aufweisen als politisch wenig aktive Personen.

- **politische Selbstwirksamkeitserwartung:** Personen mit einer hohen Ausprägung politischer Selbstwirksamkeitserwartung sind davon überzeugt, dass sie durch ihr eigenes Handeln Einfluss auf politische Entscheidungsprozesse haben und dass es deswegen von Bedeutung ist, ob man sich engagiert oder nicht. Diese Form der Selbstwirksamkeitserwartung ist mit Überzeugungen im Sinne der Handlungskomponente des „Collective Action Frame" assoziiert (Cole/Stewart 1996).

Zusammenfassend kann man festhalten, dass bestimmte biografische Faktoren und individuelle Differenzen es begünstigen, dass Personen Eingang in das Mobilisierungspotenzial einer Bewegung finden bzw. bestimmte Überzeugungen im Sinne des „Collective Action Frame" übernehmen. Ob sie dann aber tatsächlich aktiv an konkreten Aktionen der Bewegung teilnehmen, hängt im Weiteren davon ab, ob sie die oben beschriebenen Stufen zur aktiven Partizipation überwinden.

6.5   Die Sozialpsychologie der Radikalisierung

In den vorangehenden Abschnitten haben wir uns mit Auseinandersetzungen zwischen Gruppen beschäftigt, die sich im Rahmen des normativ Akzeptierten bewegen. Allerdings kennen wir eine Vielzahl von radikalen Auseinandersetzungen zwischen Gruppen, die genau diese Grenzen überschreiten. Wir belegen die theoretischen Argumente im Folgenden mit dem Verweis auf empirische Studien, die den Prozess der rechtsextremistischen Radikalisierung untersucht haben (dieselben Prozesse gelten aber auch für andere Radikalisierungskontexte).

Radikalisierung: Aus sozialpsychologischer Sicht lässt sich Radikalisierung als ein Prozess verstehen, an dessen Ende eine Person bereit ist, radikale, d.h. außerhalb akzeptierter sozialer Normen und moralischer Werte liegende Mittel zur Durchsetzung politischer Interessen einzusetzen.

Kruglanski und Kollegen (z.B. Kruglanski/Webber 2014) haben einen theoretischen Ansatz vorgestellt, dem zufolge sich Radikalisierung auf der Ebene des Individuums als eine Form extremen Commitments ausdrückt. Der radikalisierte Mensch fühlt sich gegenüber bestimmten Zielen extrem verpflichtet, was zu Lasten seines Commitments gegenüber anderen Zielen geht. Dem Ansatz zufolge kommt dieses extreme Commitment durch ein Zusammenspiel von individuellen, gruppenspezifischen und gesellschaftlichen Faktoren zustande.

6.5.1   Das Streben nach Bedeutung und Sinn

Auf der Grundlage verschiedener Studien folgern Kruglanski et al. (2014), dass ein zentrales gemeinsames Motiv von radikalisierten Menschen in dem Streben nach Bedeutung besteht – sie streben danach, jemand zu sein, der einen Beitrag leistet, der in den Augen anderer Personen wichtig ist. Nach Kruglanski et al. (2014) ist ein besonders wichtiger Faktor, der dieses Motiv auslösen bzw. dazu führen kann, dass Personen sich einer radikalen Gruppierung anschließen, um dieses Bedürfnis zu befriedigen (statt eine Befriedigung in anderen Betätigungsfeldern zu finden), die wahrgenommene Bedrohung des Verlusts einer emotional bedeutsamen sozialen Identität. Forschungsarbeiten zum „Right-Wing-Authoritarianism", einer konzeptuellen Weiterentwicklung des Autoritarismuskonzepts (Altemeyer 1996), zeigen beispielsweise, dass Menschen mit einer Disposition zu Autoritarismus dazu neigen, Immigration als Bedrohung ihrer Kultur bzw. einen Bedeutungsverlust wahrzunehmen, und folglich auch eher radikale Positionen gegenüber Zuwanderung entwickeln (z.B. Cohrs et al. 2005).

Die wahrgenommene Bedrohung einer sozialen Identität ist allerdings keine notwendige Bedingung dafür, sich einer radikalen Gruppe anzuschließen. Eine radikale Gruppe an sich bietet bereits Möglichkeiten, das Bedürfnis nach Bedeutung und Sinn zu befriedigen. Interviews mit ehemaligen Führungspersonen in der deutschen rechtsextremen Szene zeigen beispielsweise, dass diese nicht durch einen wahrgenommenen Bedeutungsverlust motiviert waren, sich einer Neo-Nazi-Organisation anzuschließen, sondern weil die Organisation es ihnen ermöglichte, ihrem Handeln und ihren Anschauungen Sinn und Bedeutung zu verleihen, indem sie sich selbst ausdrücken und gemeinsam für eine Sache existieren konnten (Köhler 2014a).

6.5.2   Gruppennarrative

Auf der Ebene der Gruppe besteht ein besonders relevanter Faktor in der Akzeptanz eines radikale Mittel rechtfertigenden Gruppennarratives. Nach Kruglanski und Webber (2014) lassen sich drei Komponenten eines solchen Narratives unterscheiden.

Zum Ersten liefert das Narrativ den Gruppenmitgliedern Interpretationen für die Situation ihrer Gruppe im Sinne von Ungerechtigkeit oder Leid. Im Kontext rechtspopulistischer Diskurse über muslimische Zuwanderung basieren derartige Narrative typischerweise auf zwei Argumenten (z.B. Sakki/Pettersson 2016): Einer wahrgenommenen realistischen Bedrohung (z.B. Einwanderung in die Sozialsysteme der aufnehmenden Gesellschaft, Wettbewerb auf dem Arbeitsmarkt, zunehmende Kriminalität und Terror) und einer wahrgenommenen symbolischen Bedrohung (Verlust deutscher Werte, der Sprache u.a.).

Zweitens liefert das Gruppennarrativ auch Informationen über gemeinsame Feinde, die für das Leiden der Gruppe verantwortlich sind. Forschung zeigt, dass innerhalb rechtspopulistischer Diskurse zwei unterschiedliche Feinde ausgemacht werden: Ein Feind von außen, nämlich die muslimischen Eindringlinge (z.B. Finlay 2007), und ein Feind von innen, nämlich politische oder intellektuelle Eliten oder „Gutmenschen", die ihr eigenes Volk betrügen, um eine multikulturelle Agenda voranzutreiben (z.B. Sakki/Pettersson 2016). Durch politische Rhetorik werden entsprechend stereotypische Bilder gezeichnet und verstärkt („alle Muslime sind potentielle Attentäter", „alle Eliten sind korrupt"). Derartige Übergeneralisierungen eigenen sich unmittelbar zu feindseligen Attributionen, die „uns" zu unschuldigen Opfern und „die" zu Tätern machen (siehe auch Simon/Klandermans 2001).

Drittens besitzen radikalisierende Gruppennarrative auch eine handlungsleitende Funktion, in dem sie Lösungen für die Probleme der Eigengruppe aufzeigen. Zentrales Ziel ist, dass Mittel und Wege, die unter anderen Umständen innerhalb der eigenen Gruppe als illegal und unmoralisch angesehen würden (z.B. Tötung von Zivilisten), im Licht der aktuellen Umstände als moralisch angemessen dargestellt werden. Kruglanski und Webber (2014) identifizieren zwei rhetorische Strategien, die diesem Ziel dienen. Die erste Strategie unterstreicht die Notwendigkeit von Gewalt, indem die Eigenschaften des Feindes, der für das Leid der Eigengruppe verantwortlich ist, als internale und stabile, natürliche oder kulturell bedingte Wesensmerkmale dargestellt werden (kultureller Essentialismus). Eine zweite rhetorische Strategie unterstreicht die Legitimität von Gewalt mit dem Hinweis, dass unter bestimmten Umständen die Anwendung von Gewalt allgemein akzeptiert ist (z.B. im Kriegsfall). So bedient sich die rechtspopulistische Rhetorik z.B. häufig des Vokabulars des Kriegs oder stellt Eliten und Politiker als unfähig oder unwillig dar, das Volk zu beschützen. Die Anwendung von Gewalt wird so aus Sicht der Gruppenmitglieder zu einem legitimen Akt der Selbstverteidigung (Verkuyten 2013).

Aktuelle Forschung stützt die besondere Rolle, die Gruppennarrativen bei der Legitimation radikaler migrationspolitischer Maßnahmen im Umgang mit einer Fremdgruppe zukommt und betont zudem die Bedeutung der medialen Darstellung (Stürmer et al. 2019). Ausgangspunkt dieser Forschung ist die mediale Berichterstattung im Anschluss an die Silvesternacht 2015/16 in Köln, in der hunderte Frauen Opfer von Übergriffen durch laut Polizeiberichten augenscheinlich arabisch- oder nordafrikanisch-stämmigen Männern waren. Ein zentrales Ergebnis der Studienreihe ist, dass die Art und Weise, wie über den Vorfall in den Medien berichtet wurde, einen entscheidenden Einfluss darauf hatte, inwieweit Mitglieder der Mehrheitsgesellschaft radikale migrationspolitische Maßnahmen (z.b. die Aufstellung von Bürgerwehren) befürworten: Je mehr die Studienteilnehmenden die Medienberichte, die im Sinne eines Gruppennarrativs den kulturellen Hintergrund der Täter als Erklärung für deren Verhalten heranzogen, für wahr hielten, desto mehr ließen sie sich von ihren Gefühlen symbolischer Bedrohung zur Befürwortung radikaler migrationspolitischer Maßnahmen verleiten. Das durch die Medien bereitgestellte Gruppennarrativ wirkte also wie ein „Katalysator" für radikale Einstellungen der Mitglieder der Mehrheitsgesellschaft, und zwar insbesondere bei Mitgliedern, die sich durch Zuwanderung bereits symbolisch bedroht fühlten.

6.5.3   Gruppensozialisation

Menschen akzeptieren Gruppennarrative dann, wenn diese anschlussfähig zu in ihrer Gruppe bereits vorherrschenden Überzeugungen sind. Die Sozialisation innerhalb von Gruppen spielt daher eine zentrale Rolle (Köhler 2014b). Die Akzeptanz von radikalisierenden Narrativen wird durch die Identifikation mit Gruppen gesteigert, da durch diesen Prozess die Bereitschaft des Individuums steigt, soziale Einflussversuche von anderen Gruppenmitgliedern zu akzeptieren. Hier spielen sowohl informationaler als auch normativer Einfluss zusammen: Einerseits stellen andere Gruppenmitglieder vertrauenswürdige Informationsquellen dar. Andererseits wird abweichendes Verhalten oder das Infragestellen des Narrativs auch sozial sanktioniert (z.B. mit der Androhung des Ausschlusses aus der Gruppe). Die Sozialisation in einer radikalen Gruppe vollzieht sich häufig als ein schleichender Prozess, der zu einer zunehmenden Intensivierung des Commitments des Individuums gegenüber der Gruppe führt (z.B. durch Initiationsriten oder gemeinsame Rituale).

7 Positives Verhalten zwischen Gruppen

Negative Intergruppenprozesse wie Vorurteile und Konflikte liegen traditionellerweise im Fokus sozialpsychologischer Forschung, wohingegen die Erforschung von positivem Intergruppenverhalten eine relative neue Entwicklung ist.

7.1 Grundlagen von Xenophilie

Xeno*phobie* (vom altgriechischen xénos – Fremder und phobos – Furcht) scheint eine Konstante menschlicher Kulturen zu sein. Allerdings zeigen die meisten Kulturen auch das entgegengesetzte Phänomen – Xeno*philie* (xénos – Fremder und philía – Freundschaft, Liebe). Der Begriff Xenophilie beschreibt das Phänomen des Interesses und der Attraktion zu fremden Völkern, Kulturen oder Bräuchen, das sich in Neugier und Gastfreundschaft gegenüber Fremdem und der Suche nach wohlwollendem explorativen Kontakt manifestiert (z.b. in Form interkulturellen Austauschs oder Bemühungen, fremde Kulturen zu erforschen und zu verstehen). Die Psychologie, insbesondere die Sozialpsychologie, hat sich in der Vergangenheit überwiegend der Erforschung von Xenophobie gewidmet. Eine historische Ursache für diesen Fokus findet sich in den spezifischen sozialen, historischen und politischen Bedingungen, die die Entwicklung der modernen Sozialpsychologie in ihrer Anfangsphase beeinflusste: Der Zweite Weltkrieg, der Holocaust und die U.S.-amerikanische Rassentrennung. Vor diesem Hintergrund wurde die Forschung zu den Ursachen und den Überwindungsmöglichkeiten von Vorurteilen und Feindseligkeiten ein Hauptschwerpunkt der Intergruppenforschung, der das Feld bis heute definiert.

Allerdings liefert diese Forschung nur indirekte oder eingeschränkte Antworten zu der Frage, wann und warum Menschen Neugier auf andere Kulturen entwickeln, und warum sie andere Kulturen explorieren und bereisen. Während die Abwesenheit von

Vorurteilen ausreichend dafür sein mag, Toleranz gegenüber kulturell Anderem zu erklären, erfordert die Erklärung von Xenophilie im Sinne einer aktiven Tendenz, Kontakt zu suchen andere Erklärungsansätze (Siem et al. 2016; Stürmer/Snyder 2010a). Daher wird Xenophilie zunehmend als ein eigenständiges Phänomen mit eigenständigen evolutionären, kulturellen und psychologischen Wurzeln betrachtet (Barbarino/Stürmer 2016; Stürmer et al. 2013).

7.1.1 Persönlichkeitseigenschaften

In einem ganz basalen psychologischen Sinne lässt sich **Xenophilie** als eine positive Tendenz definieren, positiven, explorativen Kontakt mit Gruppen zu suchen, die auf der Grundlage ihrer Sprache, Ethnizität, Bräuche und Gewohnheiten als kulturell fremd und unvertraut wahrgenommen werden.

Bislang ist die Rolle von Persönlichkeitseigenschaften im Sinne von Persönlichkeitsstrukturmodellen für individuelle Unterschiede in Xenophilie am besten untersucht. Forschungsarbeiten weisen darauf hin, dass interindividuelle Unterschiede in xenophilen Tendenzen zumindest teilweise auf interindividuelle Unterschiede bzgl. bestimmter Persönlichkeitseigenschaften zurückzuführen sind: Offenheit für Erfahrungen, Extraversion und zu einem gewissen Maße auch Gewissenhaftigkeit (z.B. Stürmer et al. 2013).

Stürmer et al. erklären die besondere Rolle dieser Eigenschaften folgendermaßen: Der Kontakt mit Mitgliedern anderer Kulturen eröffnet sowohl Chancen als auch Risiken. Die Chancen liegen darin, bestimmte materielle oder immaterielle Ressourcen zu erwerben, die in der Eigengruppe nicht verfügbar sind (z.B. Güter, Kontakte, Wissen). Auf der anderen Seite sind Kontakte außerhalb der Grenzen des Vertrauten unsicher, sie bergen die Gefahr von Missverständnissen und Ausbeutung (z.B. Rohmann et al. 2008). Persönlichkeitsstrukturmodelle wie das HEXACO-Modell der Persönlichkeit (Ashton/Lee 2007) postulieren, dass Personen mit hohen Ausprägungen in Offenheit, Extraversion und Gewissenhaftigkeit (sog. „endeavor-related traits") besonders dafür prädisponiert sind, trotz möglicher Risiken Situationen aufzusuchen, die den Erwerb sozialer, idealer oder materialer Ressourcen versprechen. Dementsprechend sollten diese Personen auch besonders prädisponiert sein, Zeit und Energie in die Exploration anderer Kulturen zu investieren.

Das HEXACO-Modell liefert Stürmer et al. (2013) zufolge auch eine Erklärung dafür, warum Verträglichkeit, Emotionalität, und Ehrlichkeit-Bescheidenheit (sog. „altruism/cooperation-related traits") weniger relevant für xenophiles Verhalten sind: Personen mit hohen Ausprägungen in diesen Persönlichkeitseigenschaften sind besonders dafür prädisponiert, zu gemeinsamen oder kollektiven Gütern beizutragen (z.b. indem Verwandten oder Freunden geholfen wird). Altruismus und Kooperation erfordert aber Vertrauen und die Sicherheit, dass die eigenen Beiträge nicht ausgenutzt werden. Daraus lässt sich schlussfolgern, dass Menschen mit hohen Ausprägungen in Verträglichkeit, Emotionalität und Ehrlichkeit-Bescheidenheit eher zurückhaltend darin sind, Intergruppenkontakt zu suchen, solange die damit assoziierten Risiken unklar sind.

7.1.2 Individuelle Motive

Ein anderer Ansatz beschäftigt sich mit der Identifikation der individuellen Motive, die dazu führen, dass Menschen explorativen Intergruppenkontakt suchen (Stürmer/Benbow 2017). In zwei Studien mit über 1.600 Untersuchungspersonen konnten die folgenden sechs Motive identifiziert werden:

Wissenserwerb: den eigenen Horizont erweitern; mehr über andere Kulturen erfahren.

Werteausdruck: ein Zeichen gegen Diskriminierung setzen; zur gesellschaftlichen Annäherung beitragen.

Berufliche Interessen: berufliche Qualifikationen erlangen; beruflich erfolgreich sein.

Soziale Entwicklung: neue Freunde finden; die eigene Kontaktfreude auszuleben.

Kollektives Selbstbild: zeigen, was die eigene Kultur ausmacht; anderen die eigene Kultur näher bringen.

Individuelles Selbstbild: Schuldgefühle vermeiden; von eigenen Defiziten ablenken; den Wünschen wichtiger Bezugspersonen entsprechen.

Experimentalstudien konnten zeigen, dass unterschiedliche Kontexte unterschiedliche Befriedigungsmöglichkeiten dieser Motive bieten. So waren die Untersuchungspersonen umso interessierter daran, ein interkulturelles Zentrum zu besuchen, je mehr eine Bewerbung des Zentrums ihre individuellen Motive ansprach. In einem anderen Experiment zeigten die Teilnehmenden eine größere Präferenz dafür, mit einem Partner aus einer fremden Kultur zu interagieren, wenn die vorangehende Kommunikation darauf schließen ließ, dass die Interaktion das am stärksten ausgeprägte Kontaktmotiv der Teilnehmenden befriedigt.

7.2   Unterschiede zwischen Eigen- und Fremdgruppenhelfen

Unbestrittenermaßen stellen Intergruppenkonflikte und soziale Diskriminierung schwerwiegende soziale Probleme dar. Allerdings gibt es auch beeindruckende Beispiele von prosozialem und solidarischem Verhalten über Gruppengrenzen hinweg: Hilfe und Unterstützung für Angehörige stigmatisierter Gruppen (wie z.B. im Zusammenhang mit der Bekämpfung von HIV/AIDS), internationale Hilfe infolge von Naturkatastrophen (wie bei dem Tsunami im Jahr 2004) oder Solidaritätsbewegungen zum Abbau von Fremdenfeindlichkeit und Rassismus, um nur einige zu nennen.

In den vergangenen Jahren haben sich Intergruppenforscher zunehmend der Erforschung der sozialpsychologischen Grundlagen prosozialen und solidarischen Verhaltens zwischen Gruppen zugewendet (zum Überblick: Stürmer/Snyder 2010a). In diesem abschließenden Kapitel werden wir eine kurze Einführung zu dieser neueren Forschungsentwicklung geben.

7.2.1   Wie verbreitet ist Fremdgruppendiskriminierung im Hilfeverhalten

Sollte man angesichts der umfangreichen Literatur zur Eigengruppenbevorzugung und sozialen Diskriminierung nicht annehmen, dass Menschen Fremdgruppenmitgliedern weniger helfen als Mitgliedern ihrer eigenen Gruppe, wenn sich diese in einer Notlage befinden? Tatsächlich gingen die meisten der frühen Forschungsarbeiten, die sich mit den Effekten von Eigen- und Fremdgruppenkategorisierungen auf Hilfeverhalten befassten, von genau dieser Annahme aus. Die Ergebnisse systematischer empirischer Forschungsarbeiten zeigten allerdings schnell, dass die Beziehung zwischen sozialen Kategorisierungsprozessen und Hilfeverhalten oft komplexer ist. Zwar erbrachten einige Studien Belege für Fremdgruppendiskriminierung im spontanen Hilfeverhalten. Bei anderen Untersuchungen fand sich hingegen keine Verbindung zwischen dem Eigen- bzw. Fremdgruppenstatus der hilfsbedürftigen Person und der Hilfsbereitschaft (oder der geleisteten Hilfe). Weitere Studien ergaben schließlich, dass Fremdgruppenmitgliedern mitunter sogar mehr geholfen wurde als Eigengruppenmitgliedern – ein Phänomen, dass auch als „umgekehrte Diskriminierung" im Hilfeverhalten bezeichnet wird.

Die Ergebnisse von Studien, die Hilfeverhalten im Kontext der Beziehungen zwischen hellhäutigen und dunkelhäutigen US-Amerikanern untersuchten, wurden in einer Meta-Analyse zusammenfassend ausgewertet (Saucier et al. 2005). Diese Meta-Analyse bestätigte, dass nicht von einem universellen Diskriminierungseffekt in Bezug auf Helfen ausgegangen werden kann.

Eine prominente Erklärung für das Ausbleiben konsistenter Belege für die erwartete Diskriminierung von Fremdgruppenmitgliedern im Hilfeverhalten gründet auf der Überlegung, dass der Ausdruck von Diskriminierung gegen Fremdgruppenmitglieder aufgrund egalitärer Normen und moralischer Vorstellungen in modernen Gesellschaften grundsätzlich subtiler geworden ist. Offene Diskriminierung gegen Fremdgruppenmitglieder im Hilfeverhalten sollte daher dann besonders wahrscheinlich sein, wenn das individuelle Verhalten nicht als Diskriminierung interpretiert werden kann oder die Situation mehrdeutig genug ist, um das Verhalten durch alternative Erklärungen zu rechtfertigen (Dovidio/Gaertner 2004).

Obwohl es für diese Überlegung einige empirische Unterstützung gibt, hat diese Erklärung ihre Grenzen. Zwar gibt es in der gesamten Sozialgeschichte der Menschheit erschütternde Beispiele der Fremdgruppendiskriminierung im Bereich der Hilfeleistung, und die Vorenthaltung oder Verweigerung von Hilfe stellt ein schwerwiegendes soziales Problem für die Angehörigen stigmatisierter Gruppen dar. Allerdings gibt es auch eindrucksvolle Gegenbeispiele: Hilfe für Flüchtlinge und Asylbewerber, internationale Hilfslieferungen für Opfer von Erdbeben, Flutkatastrophen etc.

Tatsächlich besteht der Existenzgrund zahlreicher sozialer und politischer Organisationen gerade in der Unterstützung stigmatisierter oder unterprivilegierter Gruppen. Es scheint daher, dass Menschen, zumindest unter bestimmten Umständen, Angehörigen anderer Gruppen nicht nur helfen, um die normativen oder moralischen Kosten zu vermeiden, die mit offener Diskriminierung bzw. dem Nichthelfen einhergehen. Stattdessen suchen sie mitunter aktiv nach Gelegenheiten, Angehörige von Fremdgruppen zu unterstützen – gemeinsam mit anderen Mitgliedern ihrer Eigengruppe, aber auch allein und sogar entgegen den in ihrer Gruppe vorherrschenden Normen.

Um Hilfeverhalten im Kontext von Gruppen und insbesondere Fremdgruppenhelfen zu verstehen, bedarf es daher einer Analyse, die über die bloße Vorhersage von Fremdgruppendiskriminierung hinausgeht – eine, welche die Ziele und Motive berücksichtigt, die dem Hilfeverhalten zugrunde liegen.

7.2.2   Motivationale Unterschiede

Mittlerweile liegt eine Reihe von empirischen Forschungsarbeiten vor, die zeigt, dass die soziale Kategorisierung der hilfsbedürftigen Person als Eigen- oder Fremdgruppenmitglied einen erheblichen Einfluss auf die motivationalen Prozesse hat, die Hilfeverhalten vermitteln (z.B. Simon et al. 2000; Stürmer et al. 2005). Ein wesentlicher Unterschied im Hinblick auf die motivationalen Prozesse, die Eigen- und Fremdgruppenhelfen zugrunde liegen, besteht in der Rolle von emotionaler Empathie – einer auf eine hilfsbedürftige Zielperson gerichtete emotionale Reaktion, die Gefühle wie Mitgefühl, Mitleid und Anteilnahme beinhaltet. Zahlreiche sozial-, persönlichkeits- und entwicklungspsychologische Untersuchungen dokumentieren, dass die Empfindung von Empathie zum Helfen motiviert, und dies sogar unter Bedingungen, unter denen Helfen mit hohen persönlichen Kosten und Aufwand verbunden ist. Empathie wird daher als Quelle für altruistische Motivation angesehen (Batson 1991).

Studien, welche die Rolle von Empathie im Intergruppenkontext untersuchen, zeigen nun, dass die Kategorisierung der hilfsbedürftigen Person als Mitglied einer gemeinsamen Gruppe den motivierenden Einfluss von Empathie verstärkt. Handelt es sich bei der hilfsbedürftigen Person hingegen um ein Fremdgruppenmitglied, spielt Empathie offenbar eine untergeordnete Rolle für das Hilfeverhalten.

In ihrer sozial-kognitiven Analyse der Motivationsprozesse für Helfen im Intergruppenkontext argumentieren Stürmer und Snyder (2010b) und Stürmer und Siem (2017), dass die differenzielle Rolle von Empathie durch die veränderte Ähnlichkeitswahrnehmung zwischen dem Selbst und anderen Personen infolge der sozialen Kategorisierung bedingt wird. Tritt eine gemeinsame Gruppenzugehörigkeit in den Vordergrund, werden das Selbst und die hilfsbedürftige Person auf der Grundlage der gruppendefinierenden Gemeinsamkeiten als relativ ähnlich zueinander wahrgenommen. Dies fördert, dass sich Menschen, wenn sie Empathie für eine notleidende Person verspüren, auch von diesem Gefühl leiten lassen und eigene Ressourcen zur Linderung der Notlage der hilfsbedürftigen Person einsetzen.

Bei der Kategorisierung der hilfsbedürftigen Person als Fremdgruppenmitglied rücken hingegen die Unähnlichkeiten zwischen dem Selbst und der anderen Person in den Vordergrund. Dies macht nicht nur das Auftreten von Empathie unwahrscheinlicher. Die wahrgenommenen Unähnlichkeiten fungieren offenbar auch als eine Art Warnsignal (z. B. für Stigma oder Devianz), das in Zusammenhang mit dem Auftreten negativer Intergruppenemotionen (Unsicherheit, Angst) systematische und kontrollierte Entscheidungsprozesse auslöst (z. B. Pryor et al. 2004). Diese führen schließlich dazu, dass Menschen, selbst wenn sie spontan Empathie mit einem notleidenden Fremdgruppenmitglied empfinden, zurückhaltender sind, sich von diesem emotionalen Impuls leiten zu lassen. Stattdessen basiert die Entscheidung zu helfen eher auf einem systematischen Prozess der Informationsverarbeitung, bei dem insbesondere die Kosten und Nutzen der Hilfeleistung systematisch geprüft werden. Menschen helfen Fremdgruppenmitgliedern also insbesondere dann, wenn sie sich von diesem Verhalten individuelle Vorteile bzw. die Vermeidung von Nachteilen erwarten. Daher sind sie offenbar auch besonders sensibel gegenüber individuellen Charakteristika der Zielperson, die potenzielle Interaktionskosten signalisieren (Siem et al. 2014; Stürmer et al. 2005).

Stürmer, Snyder und Kollegen haben eine Serie empirischer Studien durchgeführt, um den Einfluss von sozialen Kategorisierungsprozessen auf die Motivation zu helfen systematisch zu untersuchen (zusammenfassend: Stürmer/Snyder 2010b). In einem Experiment dieser Serie zur Rolle von Empathie für Helfen im Intergruppenkontext (Stürmer et al. 2006, Experiment 1) glaubten die Untersuchungspersonen (männliche Studierende mit deutschstämmigem und muslimischem kulturellem Hintergrund), dass sie mit einem anderen Teilnehmer der Untersuchung über ein persönliches Problem chatteten (tatsächlich waren alle Chat-Nachrichten, welche die Untersuchungspersonen erhielten, vorprogrammiert).

Um die Eigen- vs. Fremdgruppenbeziehung zwischen der Untersuchungsperson und ihrem vermeintlichen Chat-Partner zu manipulieren, erhielt ein Teil der Untersuchungspersonen eine Nachricht, in der sich der Chat-Partner als „Markus" vorstellte, die anderen Untersuchungspersonen erhielten eine Nachricht, in der er sich als „Mohammed" vorstellte. Bis auf diese Variation waren alle anderen Informationen, welche die Untersuchungspersonen über ihren Chat-Partner erhielten, in den experimentellen Bedingungen identisch. Der Chat-Partner beschrieb, dass er neu in der Stadt sei, keine Leute kenne und Probleme habe, eine neue Wohnung zu finden. Seine derzeitige Bleibe sei nur eine Übergangslösung, die er in Kürze verlassen müsse.

Eingebettet in die Coverstory der Untersuchung waren Maße, mit denen die emotionalen Reaktionen der Untersuchungspersonen auf die Notlage des Chat-Partners erfasst wurden (z. B. Maße für Empathie). Zudem wurde die Bereitschaft der Untersuchungspersonen erfasst, den Chat-Partner dabei zu unterstützen, eine neue Wohnung zu suchen.

Die Ergebnisse zeigten im Einklang mit den Erwartungen, dass Empathie nur dann ein signifikanter Prädiktor der Hilfsbereitschaft war, wenn die Untersuchungspersonen den Chat-Partner auf der Grundlage des kulturellen Hintergrundes (deutschstämmig vs. muslimisch) als Eigengruppenmitglied kategorisierten. Nahmen die Untersuchungspersonen die hilfsbedürftige Person hingegen als Fremdgruppenmitglied wahr, war Empathie als Motivationsquelle erwartungsgemäß „deaktiviert". Dies galt sowohl für die deutschen als auch für die muslimischen Untersuchungspersonen (Abb. 7.1).

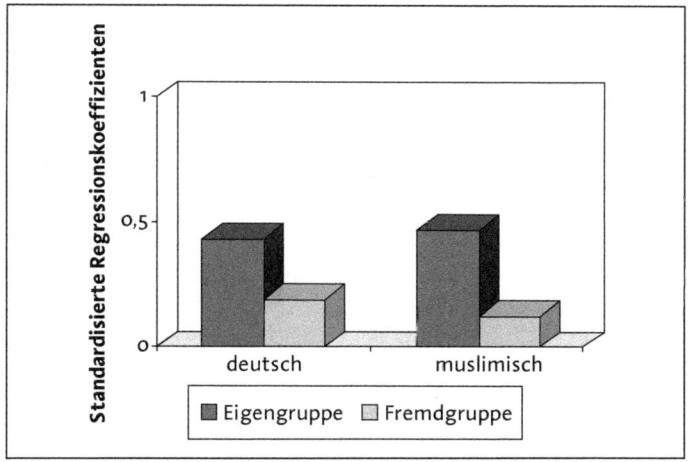

Abb. 7.1 Prädiktiver Wert von Empathie für die Vorhersage der Hilfsbereitschaft in Abhängigkeit von der Gruppenzugehörigkeit der hilfsbedürftigen Person und dem kulturellen Hintergrund der Untersuchungspersonen

Insgesamt verweisen die Befunde zu motivationalen Unterschieden zu Eigen- und Fremdgruppenhelfen darauf, dass sich Eigengruppenhelfen in vielen Fällen als eine Form von empathie-basiertem Altruismus interpretieren lässt. Fremdgruppenhelfen beruht demgegenüber eher auf Kosten-Nutzen-Kalkulationsprozessen im Sinne sozialen Austausches. Fremdgruppenhelfen sollte also umso wahrscheinlicher werden, je funktionaler es für die helfende Person (oder ihre Eigengruppe) ist.

7.3 Individuelle und soziale Funktionen von Fremdgruppenhelfen

Fremdgruppenhelfen kann sowohl individuelle als auch soziale (oder kollektive) Funktionen erfüllen.

7.3.1 Individuelle Funktionen

Ein prominenter Ansatz in der sozialpsychologischen Forschung zu Hilfeverhalten, speziell zu langfristigem Helfen in Form von ehrenamtlichem Engagement, ist der funktionale Ansatz von Clary, Omoto, Snyder und Kollegen (z. B. Clary et al. 1998). Dieser Ansatz weist der individuellen Nutzenerwartung einen zentralen Stellenwert in der Erklärung ehrenamtlichen Engagements zu. Dieser Perspektive zufolge besteht der Nutzen ehrenamtlichen Engagements in der Befriedigung bestimmter individueller Motive oder Bedürfnisse (das Engagement ist in diesem Sinne daher psychologisch *funktional*). Hinter dem Engagement eines ehrenamtlich tätigen Menschen können jeweils ganz unterschiedliche individuelle Motive (oder Motivkonfigurationen) stehen. Dies sind u. a.:

- Ausdruck zentraler humanitärer Werte,
- Erwerb von Wissen,
- Streben nach persönlichem Wachstum und Selbstwert,
- soziale Integration,
- Steigerung der Berufschancen,
- Ablenkung von eigenen Problemen.

Dem funktionalen Ansatz zufolge hängt die Aufrechterhaltung der Motivation sich zu engagieren in entscheidendem Maße davon ab, ob und inwieweit die individuellen Motive, die ursprünglich zur Aufnahme der ehrenamtlichen Tätigkeit führten, tatsächlich durch die Erfahrungen im Rahmen des Engagements befriedigt werden. Diese Annahme wird durch zahlreiche empirische Untersuchungen in unterschiedlichen Kontexten unterstützt. Diese Untersuchungen zeigen, dass die individuellen Motive bzw. die individuelle Zufriedenheit mit der ehrenamtlichen Tätigkeit kritische Faktoren für die Vorhersage der individuellen Dauer des Ehrenamtes sind (z. B. Clary et al. 1998).

Ein Kontext ehrenamtlichen Helfens, in dem der funktionale Ansatz besonders intensiv erforscht wurde, ist das ehrenamtliche Engagement in der AIDS-Hilfe-Bewegung. Die AIDS-Hilfe-Bewegung umfasst ein (weltweites) Netzwerk von Selbsthilfe- und Aktivistengruppen, Organisationen, Forschern u. a., deren gemeinsames Bestreben es ist, die HIV-Krankheit und deren Folgen zu bekämpfen. Für die Erforschung des Einflusses von Gruppenprozessen ist das Engagement in der AIDS-Hilfe-Bewegung besonders geeignet, da es in den meisten westlichen Ländern in einen interessanten Intergruppenkontext eingebettet ist.

In Deutschland hat sich die AIDS-Hilfe-Bewegung, wie auch in anderen westlichen Ländern, zu Beginn der 1980er-Jahre als eine Form der Selbsthilfe homosexueller Männer (und deren Freunde und Angehöriger) formiert, die sich und ihre Lebenswelt durch die Krankheit und die damit verbundene Stigmatisierung und Diskriminierung durch die heterosexuelle Mehrheitsgesellschaft bedroht sahen. Gegenwärtig engagieren sich Menschen unterschiedlicher sexueller Orientierungen ehrenamtlich in der AIDS-Hilfe-Bewegung. Allerdings stellen homosexuelle Männer in Deutschland immer noch die größte Subgruppe unter den Personen dar, die mit HIV/AIDS leben.

Auf der Grundlage ihrer sexuellen Orientierung sind damit für einen Teil der in der AIDS-Hilfe-Bewegung engagierten Personen die Hauptempfänger ihrer Unterstützung Mitglieder einer Eigengruppe („Homosexuelle" bzw. Mitglieder der „gay community"). Für einen anderen Teil der engagierten Personen („Heterosexuelle") sind die Hauptempfänger hingegen Mitglieder einer (stigmatisierten) Fremdgruppe. Wie empirische Untersuchungen nahelegen, spielen für die Motivation heterosexueller Mitarbeiter, sich in diesem Kontext zu engagieren individuelle Motive eine wichtige Rolle. So verweisen Studien insbesondere darauf, dass das Engagement den ehrenamtlichen Mitarbeitern die Möglichkeit bietet, ihren humanitären Werten Ausdruck zu verleihen (z. B. Simon et al. 2000).

Forschungsarbeiten, die den Einfluss von individuellen Motiven im Sinne des Funktionalen Ansatzes im Kontext interkulturellen Helfens untersuchen, weisen ebenfalls auf die besondere Bedeutung der Befriedigung individueller Motive für das Engagement für Fremdgruppenmitglieder hin. So zeigte eine Studie mit deutschstämmigen Studierenden (die internationale Studierende in den ersten Monaten ihres Aufenthaltes an der aufnehmenden Universität ehrenamtlich unterstützten), dass die Studierenden umso mehr Zeit in Unterstützung für die ausländischen Partnerinnen oder Partner investierten, je größer der wahrgenommene individuelle Nutzen für sie selbst war. Dieser Zusammenhang war zudem umso stärker ausgeprägt, je unterschiedlicher der kulturelle Hintergrund des internationalen Partners oder der Partnerin war. Bei relativ ähnlichem kulturellem Hintergrund des Partners oder der Partnerin wurde das Hilfeverhalten hingegen durch Empathie für den internationalen Studierenden (einen Fremden in einer neuen kulturellen Umgebung) motiviert (Siem/Stürmer 2012).

7.3.2 Soziale Funktionen

Menschen werden allerdings nicht nur durch die Erwartungen individueller Bedürfnisbefriedigung dazu motiviert, Fremdgruppenmitgliedern zu helfen. In manchen Kontexten können sie sich auch deshalb zu diesem Verhalten entschließen, weil sie sich dadurch einen Nutzen für die Eigengruppe insgesamt erwarten. In der jüngeren Forschungsliteratur werden u. a. die folgenden sozialen oder kollektiven Funktionen unterstrichen:

Aufrechterhaltung oder Wiederherstellung
von realen Macht- und Statusdifferenzen

Wie Nadler und Halabi (2006) in ihrem Modell zu intergruppalem Helfen darlegen, kann die Unterstützung einer statusniedrigen Gruppe als Mittel zur Sicherung des eigenen Machterhaltes genutzt werden. Entscheidend ist dabei die Form der Unterstützung, welche die statushohe Gruppe der statusniedrigen Gruppe anbietet.

„Autonomieorientierte Unterstützung" dient dazu, der anderen Gruppe langfristig eine selbstständige Lösung ihrer Probleme zu ermöglichen (z. B. durch Hilfe-zur-Selbsthilfe-Angebote). Formen der „abhängigkeitsorientierten Unterstützung" zementieren hingegen die bereits bestehende Statusdifferenz zwischen den Gruppen, indem der Fremdgruppe für ihr Problem eine vollständige Lösung bzw. alle zur Lösung notwenigen Ressourcen bereitgestellt werden. Damit wird verhindert, dass die Gruppe selbst Kompetenzen zur

Lösung des Problems entwickelt und dadurch langfristig von der statushohen Gruppe unabhängig wird.

Nadler und Halabi postulieren, dass statushohe Gruppen unter Bedingungen, unter denen die Statusdifferenzen zwischen den Gruppen unsicher sind (z. B. weil die statusniedrige Gruppe ihre Statusunterlegenheit als illegitim und instabil wahrnimmt und sie infrage stellt), der statusniedrigen Gruppe im Fall von Notlagen oder Krisen in erster Linie abhängigkeitsorientierte Unterstützung anbieten, um ihre eigene Statusüberlegenheit zu stabilisieren. Untersuchungen im Kontext der Arabisch-Israelischen Beziehungen und in Kontexten internationaler Hilfeleistung liefern positive Belege für diese Postulate.

Aufrechterhaltung oder Wiederherstellung positiver sozialer Identität

Eine weitere kollektive Funktion intergruppalen Helfens kann darin bestehen, die Eigengruppe durch den Akt der Hilfeleistung vor Dritten in einem positiven Licht erscheinen zu lassen (z. B. van Leeuwen 2007) oder einem negativen Meta-Stereotyp entgegenzuwirken (Hopkins et al. 2007). Im engeren Sinne dient diese Form des strategischen Helfens also dazu, eine positive soziale Identität aufrechtzuerhalten oder wiederherzustellen.

Van Leeuwen (2007) hat die Funktion intergruppalen Helfens als Strategie zur Wiederherstellung positiver sozialer Identität in zwei experimentellen Studien demonstriert, die sich auf internationale Hilfe für die Opfer des Tsunami 2004 bezogen. Die Experimente wurden mit niederländischen Untersuchungspersonen durchgeführt.

Die zentrale Hypothese war, dass eine experimentell induzierte Bedrohung der nationalen niederländischen Identität zu einer größeren Bereitschaft der Untersuchungspersonen führen würde, Opfern des Tsunami zu helfen. Dies sollte allerdings nur in Bereichen der Fall sein, die in positiver und distinkter Form mit der niederländischen Identität verbunden sind (u. a. Küstenschutz und Wassermanagement).

Um eine Bedrohung der nationalen Identität zu induzieren, lasen die Untersuchungspersonen in einer Experimentalbedingung zunächst einen Text, in dem die Niederlande als ein kleines und wenig respektiertes Mitgliedsland innerhalb der Europäischen Union dargestellt wurden, das in den Jahren seiner EU-Ratspräsidentschaft nichts Nennenswertes erreicht habe. Die Untersuchungspersonen in der Vergleichsbedingung lasen hingegen einen Text, in dem die Niederlande als ein respektiertes EU-Mitgliedsland mit einer erfolgreichen EU-Ratspräsidentschaft dargestellt wurden.

In einer vermeintlich unabhängigen zweiten Studie wurden dann die Einstellungen der Untersuchungspersonen gegenüber einer Reihe von Hilfsmaßnahmen der niederländischen Regierung für die vom Tsunami 2004 betroffenen Länder erfasst. Im Einklang mit den Hypothesen zeigte sich, dass unter der Bedingung der Bedrohung der nationalen Identität eine größere Bereitschaft bestand, die betroffenen Länder zu unterstützen – allerdings nur, wenn die Maßnahmen geeignet waren, die positive Distinktheit der niederländischen Identität herauszustellen.

7.4   Mobilisierung gruppenübergreifender Solidarität

Wie lassen sich Menschen zu gruppenübergreifendem Hilfeverhalten und Solidarität mit Fremdgruppen mobilisieren? Reicher und Mitarbeiter heben in ihrer Analyse zu Mobilisierungsprozessen die Bedeutung der sozialen Konstruktion der sozialen Identität einer Eigengruppe hervor (Reicher et al. 2006). Sie argumentieren, dass politische Akteure andere Gruppenmitglieder mobilisieren können, indem sie Konsens über drei unterschiedliche Aspekte der sozialen Identitätskonstruktion erzielen, die gruppenübergreifende Solidarität begünstigen: instrumentelle Interessen, Gruppennormen und Werte und (Re-)Definition der Gruppengrenzen.

Instrumentelle Interessen: Politische Akteure können versuchen, andere Gruppenmitglieder davon zu überzeugen, dass prosoziales oder solidarisches Verhalten einer Fremdgruppe gegenüber mit Vorteilen für die Eigengruppe verbunden ist (Aufbau langfristiger Allianzen oder reziproker intergruppaler Hilfebeziehungen; Status- und Machterhalt der eigenen Gruppe; Verbesserung von Stereotypen über die Gruppe etc.)

Gruppendefinierende Normen und Werte: Definiert sich eine Gruppe in Abgrenzung zu anderen Gruppen über ihr Bekenntnis zu humanitären Werten bzw. zu entsprechenden sozialen Normen (z.B. soziale Verantwortung) würde mangelnde Solidarität gegenüber einer Fremdgruppe in Not (z.B. den Opfern einer Naturkatastrophe in einem anderen Land) diese Identitätsdefinition infrage stellen. Politische Akteure können daher auch argumentieren, dass gruppenübergreifendes solidarisches Verhalten notwendig ist, um die eigene positive Identität der Gruppe im Vergleich zu anderen Gruppen aufrechtzuerhalten, auszudrücken oder zu betonen.

(Re-)Definition der Gruppengrenzen: Gruppenübergreifende

Solidarität kann auch durch eine Redefinition der Gruppengrenzen im Sinne der Rekategorisierung gefördert werden. Politische Akteure können versuchen, die Konstruktion der sozialen Identität so zu verändern, dass die vorherige Eigengruppe als Teil einer neuen, sozial inklusiveren gemeinsamen Gruppe aufgefasst wird, die sowohl die ursprüngliche Eigengruppe als auch die ursprüngliche Fremdgruppe umfasst.

Durch die Selbstdefinition auf einer höheren Ebene sozialer Inklusivität werden Mitglieder, die ursprünglich einer Fremdgruppe angehörten, dann kognitiver Bestandteil der Selbstdefinition. Wie wir weiter oben bereits erläutert haben, fördert die Kategorisierung der Opfer einer Notlage als Eigengruppenmitglieder Hilfeverhalten und Solidarität auf der Grundlage von Empathie (Stürmer/ Snyder 2010b). Während die beiden zuvor genannten Strategien eher instrumenteller Natur sind, ist zu erwarten, dass die Strategie der Redefinition der Gruppengrenzen, so sie erfolgreich ist, eher altruistisch motiviertes Helfen der Gruppenmitglieder fördert.

Reicher et al. (2006) haben empirische Belege für diese Annahmen durch Analysen politischer Appelle gewonnen, mittels derer politische Akteure in der Zeit zwischen 1940-1941 versucht haben, die bulgarische Bevölkerung gegen die Deportation der Bulgarinnen und Bulgaren jüdischen Glaubens zu mobilisieren.

Zusammengenommen tragen die Forschungsbefunde zum prosozialen Verhalten zwischen Gruppen zu einer differenzierten Sichtweise menschlichen Sozialverhaltens in Gruppen bei: Intergruppenkonflikte und soziale Diskriminierung sind demnach keine zwangsläufige Konsequenz sozialer Kategorisierung. Die soziale Kategorisierung der hilfsbedürftigen Person als Fremdgruppenmitglied scheint zwar den Modus der Informationsverarbeitung zu beeinflussen und die relative Bedeutung von Empathie als Motivator von Hilfeverhalten abzuschwächen. Wird das Hilfeverhalten jedoch als instrumentell (funktional) für das Erreichen individueller oder kollektiver Ziele betrachtet, helfen Menschen Mitgliedern anderer Gruppen genauso viel wie Menschen ihrer eigenen Gruppe.

116

Literatur

Adorno, T.W., Frenkel-Brunswik, E., Levinson, D.J., & Sanford, R.M. (1950). *The authoritarian personality*. New York: Harper.

Allen, V.L. (1975). Social support for nonconformity. In L. Berkowitz (Ed.) *Advances in experimental social psychology* (Vol. 8, pp. 1–43). New York: Academic Press.

Allport, F.H. (1924). *Social psychology*. Boston: Houghton Mifflin.

Allport, G.W. (1954). *The nature of prejudice*. Reading, MA: Addison-Wesley.

Altemeyer (1996). *The authoritarian specter*. Cambridge, MA: Harvard University Press.

Aronson, E., & Patnoe, S. (1997). *The Jigsaw Classroom*. New York, NY: Longman.

Asch, S.E. (1956). Studies of independence and conformity: A minority of one against a unanimous majority. *Psychological Monographs: General and Applied, 70*, 1–70.

Ashton, M.C., & Lee, K. (2007). Empirical, theoretical, and practical advantages of the HEXACO model of personality structure. *Personality and Social Psychology Review, 11*, 150–166.

Barbarino, M.-L. & Stürmer, S. (2016). Different origins of xenophile and xenophobic tendencies in human personality structure: A theoretical perspective and some preliminary findings. *Journal of Social Issues, 72*, 432–449.

Bargh, J.A. (1999). The cognitive monster: The case against the controllability of automatic stereotype effects. In Chaiken, S. & Trope, Y. (Eds.), *Dual-process theories in social psychology* (pp. 361–382). New York, NY: Guilford Press.

Baron, R.S., & Kerr, N.L. (2003). *Group processes, group decision, group action* (2nd ed.). Buckingham, UK: Open University Press.

Bass, B.M., & Avolio, B.J. (1990). Developing transformational leadership: 1992 and beyond. *Journal of European Industrial Training, 14*, 21–27.

Bass, B.M., & Avolio, B.J. (1994). *Improving organizational effectiveness through transformational leadership*. Thousand Oaks, CA: Sage.

Batson, C.D. (1991). *The altruism question: Toward a social-psychological answer.* Hillsdale, NJ: Lawrence Erlbaum Associates.

Blake, R.R., & Mouton, J.S. (1979). Intergroup conflict solving in organizations: From theory to practice. In W.G. Austin & S. Worchel (Eds.), *The social psychology of intergroup relations* (pp. 19–32). Monterey, CA: Brooks/Cole.

Blau, P. (1964). *Exchange and power in social life*. New York: Wiley.

Bless, H., Fiedler, K., & Strack, F. (2004). *Social cognition: How individuals construct social reality*. New York, NY: Psychology Press.

Bond, C.F., & Titus, L.J. (1983). Social facilitation: A meta-analysis of 241 studies. *Psychological Bulletin, 94*, 265–292.

Branscombe, N.R., Schmitt, M.T., & Harvey, R.D. (1999). Perceiving pervasive discrimination among African Americans: Implications for group identification and well-being. *Journal of Personality and Social Psychology, 77*, 135–149.

Braungart, M.M., & Braungart, R.G. (1990). The life-course development of left- and right-wing youth activist leaders from the 1960s. *Political Psychology, 11*, 243–282.

Brewer, M.B., & Miller, N. (1984). Beyond the contact hypothesis: Theoretical perspectives on desegregation. In N. Miller & M.B. Brewer (Eds.), *Groups in contact: The psychology of desegregation* (pp. 281–302). New York, NY: Academic Press.

Brodbeck, F.C., Kerschreiter, R., Mojzisch, A., & Schulz-Hardt, S. (2007). Group decision making under conditions of distributed knowledge: The information asymmetries Model. *Academy of Management Review, 32*, 459–479.

Brown, R. (2000). *Group processes: Dynamics within and between groups* (2nd Ed.). Cambridge, MA: US: Basil Blackwell.

Brown, R., Vivian, J., & Hewstone, M. (1999). Changing attitudes through intergroup contact: the effects of group membership salience. *European Journal of Social Psychology, 29*, 741–764.

Burger, J.M. (2009). Replicating Milgram: Would people still obey today? *American Psychologist, 64*, 1–11.

Cartwright, D., & Zander, A. (1968). Group dynamics (3rd Ed.). Oxford, England: Harper & Row.

Clary, E.G., Snyder, M., Ridge, R.D., Copeland, J., Stukas, A.A., Haugen, J., et al. (1998). Understanding and assessing the motivations of volunteers: A functional approach. *Journal of Personality and Social Psychology, 74*, 1516–1530.

Cohrs, J.C., Moschner, B., Maes, J., & Kielmann, S. (2005). The motivational bases of right-wing authoritarianism and social dominance orientation: Relations to values and attitudes in the aftermath of September 11, 2001. *Personality and Social Psychology Bulletin, 31*, 1425–1434.

Cole, E.R., & Stewart, A.J. (1996). Meanings of political participation among Black and White women: Political identity and social responsibility. *Journal of Personality and Social Psychology, 71*, 130–140.

Crocker, J., & Major, B. (1989). Social stigma and self-esteem: The self-protective properties of stigma. *Psychological Review, 96*, 608–630.

David, B., & Turner, J.C. (2001). Majority and minority influence: A single process self-categorization analysis. In C.K. W. De Dreu & N.K. De Vries (Eds.), *Group consensus and minority influence: Implications for innovation* (pp. 91–121). Oxford, UK: Blackwell.

Deutsch, M., & Gerard, H.B. (1955). A study of normative and informational social influences upon individual judgment. *Journal of Abnormal Social Psychology, 51*, 629–636.

Devine, P.G. (1989). Stereotypes and prejudice: Their automatic and controlled components. *Journal of Personality and Social Psychology, 56*, 5–18.

Dixon, J.A., Durrheim, K., & Tredoux, C. (2005). Beyond the optimal strategy: A "reality check" for the contact hypothesis. *American Psychologist, 60*, 697–711.

Dovidio, J.F., & Gaertner, S.L. (2004). Aversive racism. In M.P. Zanna (Ed.), *Advances in experimental social psychology* (Vol. 36, pp. 1–51). San Diego, CA: Academic Press.

Eisenberger, N.I., Lieberman, M.D., & Williams, K.D. (2003). Does rejection hurt? An fMRI study of social exclusion. *Science, 302*, 290–292.

Fiedler, F.E. (1971).Validation and extension of the contingency model of leadership effectiveness: A review of empirical findings. *Psychological Bulletin, 76*, 128–148.

Finlay, W. (2007). The propaganda of extreme hostility: Denunciation and the regulation of the group. *British Journal of Social Psychology*, 46, 323–341.

Fiske, S.T., Cuddy, A.J. C., Glick, P., & Xu, J. (2002). A model of (often mixed) stereotype content: Competence and warmth respectively follow from perceived status and competition. *Journal of Personality and Social Psychology, 82*, 878–902.

Fiske, S.T., & Neuberg, S.L. (1990). A continuum model of impression formation from category-based to individuating processing: Influences of information and motivation on attention and interpretation. In M.P. Zanna (Ed.), *Advances in experimental social psychology* (Vol. 23, pp. 1–74). Orlando, FL: Academic Press.

Fiske, S.T., & Taylor, S.E. (1991). *Social cognition.* (2nd ed.). New York, NY: MacGrw-Hill.

Gaertner, S.L., & Dovidio, J.F. (2000). *Reducing intergroup bias: The common ingroup identity model.* Philadelphia, PA: Psychology Press.

Gamson, W.A. (1992). The social psychology of collective action. In A.D. Morris & C.M. Mueller (Eds.), *Frontiers in social movement theory* (pp. 53–76). New Haven, CT: Yale University Press.

Gamson, W.A. (1995). Constructing social protest. In H. Johnston & B. Klandermans (Eds.), *Social movement and culture* (pp. 85–106). London: UCL Press.

Goffman, E. (1963). *Stigma: Notes on the management of spoiled identity*. Englewood Cliffs, NJ: Prentice-Hall.

Greenberg, J., & Pyszczynski, T. (1985). The effect of an overheard ethnic slur on evaluations of the target: How to spread a social disease. *Journal of Experimental Social Psychology, 21*, 61–72.

Hackman, J. R., & Morris, C. G. (1975). Group task, group interaction process and group performance effectiveness: A review and proposed integration. In L. Berkowitz (Ed.), *Advances in experimental social psychology* (Vol. 8, pp. 47–99). New York: Academic Press.

Haslam, S. A. (2004). *Psychology in organizations: The social identity approach* (2nd ed.). London: Sage.

Herek, G. M., & Capitanio, J. P. (1999). AIDS stigma and sexual prejudice. *American Behavioural Scientist, 42*, 1126–1143.

Herek, G. M., Capitanio, J. P., & Widaman, K. F. (2003). Stigma, social risk, and health policy: Public attitudes toward HIV surveillance policies and the social constructions of illness. *Health Psychology, 22*, 533–540.

Hertel, G., Kerr, N. L., & Messé, L. A. (2000). Motivation gains in performance groups: Paradigmatic and theoretical developments on the Köhler effect. *Journal of Personality and Social Psychology, 79*, 580–601.

Hewstone, M., & Brown, R. (1986). Contact is not enough: An intergroup perspective on the "contact hypothesis." In M. Hewstone & R. Brown (Eds.), *Contact and conflict in intergroup encounters* (pp. 1–44). Oxford, UK: Blackwell.

Hinsz, V. B., & Davis, J. H. (1984). Persuasive arguments theory, group polarization, and choice shifts. *Personality and Social Psychology Bulletin, 10*, 260–268.

Hollingshead, A. B., Gupta, N., Yoon, K., & Brandon, D. (2012). Transactive memory theory and teams: Past, present, and future. In E. Salas, S. M. Fiore, & M. P. Letsky (Eds.), *Theories of team cognition: Cross-disciplinary perspectives* (pp. 421–455). New York, NY: Routledge/Taylor & Francis Group.

Hopkins, N., & Kahani-Hopkins, V. (2006). Minority members' theories of intergroup contact: A case study of British Muslims' conceptualisation of 'Islamophobia' and social change. *British Journal of Social Psychology, 45*, 245–264.

Hopkins, N., & Reicher, S. (1996). The construction of social categories and processes of social change: Arguing about national identities. In G. M. Breackwell & E. Lyons (Eds.), *Changing European identities: Social psychological analyses of social change* (pp. 69–93). Woburn, MA: Butterworth-Heinemann.

Hopkins, N., Reicher, S., Harrison, K., Cassidy, C., Bull, R., & Levine, M. (2007). Helping to improve the group stereotype: On the strategic dimension of prosocial behavior. *Personality and Social Psychology Bulletin, 33*, 776–788.

Ihme, T.A., Sonnenberg, K., Barbarino, M., Fisseler, B., & Stürmer, S. (2016). How university websites' emphasis on age diversity influences prospective students' perception of person-organization fit and student recruitment. *Research in Higher Education, 57*, 1010–1030.

Ito, T.A., & Bartholow, B.D. (2009). The neural correlates of race. *Trends in Cognitive Sciences, 13*, 524–531.

Iyer, A., & Leach, C.W. (2008). Emotion in inter-group relations. *European Review of Social Psychology, 19*, 86–124.

Jackson, J.S., Brown, T.N., Williams, D.R., Torres, M., Sellers, S.L., & Brown, K. (1996). Racism and the physical and mental health status of African Americans: A thirteen-year national panel study. *Ethnicity and Disease, 6*, 132–147.

Janis, I.L. (1972). *Victims of groupthink. A psychological study of foreign-policy decisions and fiascos.* Boston, MA: Houghton Mifflin.

Jost, J.T., Banaji, M.R., & Nosek, B.A. (2004). A decade of system justification theory: Accumulated evidence of conscious and unconscious bolstering of the status quo. *Political Psychology, 25*, 881–919.

Judge, T.A., Bono, J.E., Ilies, R., & Gerhardt, M.W (2002). Personality and leadership: A qualitative and quantitative review. *Journal of Applied Psychology, 87*, 765–780.

Kallgren, C.A., Reno, R.R., & Cialdini, R.B. (2000). A focus theory of normative conduct: When norms do and do not affect behaviour. *Personality and Social Psychology Bulletin, 26*, 1002–1012.

Keller, J., & Dauenheimer, D. (2003). Stereotype threat in the class-room: Dejection mediates the disrupting threat effect on women's math performance. *Personality and Social Psychology Bulletin, 29*, 371–381.

Kelly, C., & Breinlinger, S. (1996). *The social psychology of collective action: Identity, injustice and gender.* London, UK: Taylor & Francis.

Kerr, N. (1983). Motivation losses in small groups: A social dilemma analysis. *Journal of Personality and Social Psychology, 45*, 819–828.

Klandermans, B. (1989). Grievance interpretation and success expectations: The social construction of protest. *Social Behaviour, 4*, 113–125.

Klandermans, B. (1997). *The social psychology of protest.* Oxford, UK: Blackwell.

Klandermans, B., & Oegema, D. (1987). Potentials, networks, motivations, and barriers: Steps towards participation in social movements. *American Sociological Review, 52*, 519–531.

Köhler, D. (2014a). Right-wing extremist radicalization processes: The formers' perspective. JEX Journal EXIT-Deutschland. *Zeitschrift für Deradikalisierung und demokratische Kultur, 1*, 307–377.

Köhler, D. (2014b). Rechtsextremer Terrorismus und Ultra-Militanz als Gruppenphänomen? Der Einfluss der Gruppe auf rechtsextreme Radikalisierungsprozesse. *Zeitschrift für Internationale Strafrechtsdogmatik (ZIS), 9*, 450–460.

Kruglanski, A.W., Gelfand, M.J., Bélanger, J.J., Sheveland, A., Hetiarachchi, M., & Gunaratna, R. (2014). The psychology of radicalization and deradicalization: How significance quest impacts violent extremism. *Advances in Political Psychology, 35*, 69–93.

Kruglanski, A.W., & Webber, D. (2014). The psychology of radicalization. *Zeitschrift für Internationale Strafrechtsdogmatik, 9*, 379–388.

Leach, C.W., Ellemers, N., & Barreto, M. (2007). Group virtue: The importance of morality (vs. competence and sociability) in the positive evaluation of in-groups. *Journal of Personality and Social Psychology. 93*, 234–249.

Leach, C.W., van Zomeren, M., Zebel, S., Vliek, M.L.W., Pennekamp, S.F., Doosje, B., Ouwerkerk, J.W., & Spears, R. (2008). Group-level self-definition and self-investment: A hierarchical (multicomponent) model of in-group identification. *Journal of Personality and Social Psychology, 95*, 144–165.

LeBon, G. (1947). *The crowd: A study of the popular mind* (orig. publication 1895). London: Ernest Benn.

Lewin, K. (1941). Self-hatred among Jews. *Contemporary Jewish Record, 4*, 221–226.

Lickel, B., Hamilton, D.L., Wieczorkowska, G., Lewis, A., Sherman, S.J., & Uhles, A.N. (2000). Varieties of groups and the perception of group entitativity. *Journal of Personality and Social Psychology, 78*, 223–246.

Lücken, M. & Simon, B. (2005). Cognitive and affective experiences of minority and majority members: The role of group size, status, and power. *Journal of Experimental Social Psychology, 41*, 396–413.

Martin, R., Martin, P., Smith, J.R., & Hewstone, M. (2007). Majority versus minority influence and prediction of behavioural intentions and behaviour. *Journal of Experimental Social Psychology, 43*, 763–771.

McAdam, D., & Paulsen (1993). Specifying the relationship between social ties and activism. *American Journal of Sociology, 99*, 640–667.

Messick, D.M. (2005). On the psychological exchange between leaders and followers. In D.M. Messick & R.M. Kramer (Eds.), *The psychology of leadership: New perspectives and research* (pp. 81–96). Mahwah, NJ: Lawrence Erlbaum.

Milgram, S. (1974). *Obedience to authority: An experimental view*. New York: Harper & Row.

Milliken, F.J. & Martins, L.L. (1996). Searching for common threads: Understanding the multiple effects of diversity in organizational groups. *Academy of Management Review, 21*, 402–433.

Moreland, R.L., & Levine, J.M. (1982). Socialization in small groups: Temporal changes in individual-group relations. In L. Berkowitz (Ed.), *Advances in experimental social psychology* (Vol. 15, pp. 137–192). New York, NY: Academic Press.

Moscovici, S. (1976). *Social influence and social change*. London: Academic Press.

Moscovici, S. (1980). Towards a theory of conversion behavior. In L. Berkowitz (Ed.), *Advances in experimental social psychology* (Vol. 13, pp. 209–239). New York, NY: Academic Press.

Moscovici, S. (1981). On social representations. In J.P. Codol & J.P. Leyens (Eds.), *Cognitive approaches to social behaviour* (pp. 115–150). La Haye: M. Nijhoff.

Moscovici, S., Lage, E., & Naffrechoux, M. (1969). Influence of a consistent minority on the responses of a majority in a colour perception task. *Sociometry, 32*, 365–380.

Mugny, G., Butera, F., Sanchez-Mazas, M., & Pérez, J.A. (1995). Judgements in conflict: The conflict elaboration theory of social influence. In B. Boothe, R. Hirsig, A. Helminger, B. Meier, & R. Volkart (Eds.), *Perception-evaluation-interpretation* (pp. 160–168). Göttingen: Hogrefe & Huber.

Mullen, B., Johnson, C., & Salas, E. (1991). Productivity loss in brainstorming groups: A meta-analytic integration. *Basic and Applied Social Psychology, 12*, 3–23.

Mullen, B., Migdal, M.J., & Hewstone, M. (2001). Crossed categorization versus simple categorization and intergroup evaluations: A meta-analysis. *European Journal of Social Psychology, 31*, 721–736.

Nadler, A., Halabi, S. (2006). Intergroup helping as status relations: Effects of status stability, identification, and type of help on receptivity to high-status group's help. *Journal of Personality and Social Psychology, 91*, 97–110.

Nadler, A., & Liviatan, I. (2006). Intergroup reconciliation: Effects of adversary's expressions of empathy, responsibility, and recipient's trust. *Personality and Social Psychology Bulletin, 32*, 459–470.

Nadler, A., & Shnabel, N. (2008). Instrumental and socioemotional paths to intergroup reconciliation and the Needs-Based Model of Socioemotional Reconciliation. In A. Nadler, T.E. Malloy, & J.D. Fisher (Eds.), *The social psychology of intergroup reconciliation* (pp. 37–56). New York, NY: Oxford University Press.

Neidhardt, F., & Rucht, D. (1993). Auf dem Weg in die „Bewegungsgesellschaft"? Über die Stabilisierbarkeit sozialer Bewegungen. *Soziale Welt, 44*, 305–326.

Olson, M. (1968). *The logic of collective action. Public goods and the theory of groups*. Cambridge, MA: Harvard University Press.

Paulus, P.B. (1998). Developing consensus about groupthink after all these years. Organizational Behaviour and Human Decision Processes, 73, 362–374.

Pérez, J.A., & Mugny, G. (1998). Categorization and social influence. In S. Worchel, J.F. Morales, D. Páez, & J.-C. Deschamps (Eds.), *Social identity: International perspectives* (pp. 142–153). Thousand Oaks, CA: Sage.

Pettigrew, T.F. (1997). Generalized intergroup contact effects on prejudice. *Personality and Social Psychology Bulletin, 23*, 173–185.

Pettigrew, T.F. (1998). Intergroup contact theory. *Annual Review of Psychology, 49*, 65–85.

Pryor, J.B., Reeder, G.D., Yeadon, C., & Hesson-McInnis, M. (2004). A dual-process model of reactions to perceived stigma. *Journal of Personality and Social Psychology, 87*, 436–452.

Reicher, S.D., Cassidy, C., Wolpert, I., Hopkins, N., & Levine, M. (2006). Saving Bulgaria's Jews: An analysis of social identity and the mobilization of social solidarity. *European Journal of Social Psychology, 36*, 49–72.

Reicher, S. & Haslam, S.A. (2011). After shock? Towards a social identity explanation of the Milgram 'obedience' studies. *British Journal of Social Psychology, 50*, 163–169.

Reicher, S.D., & Hopkins, N. (2003). On the science of the art of leadership. In D. van Knippenberg & M.A. Hogg (Eds.). *Leadership and power: Identity processes in groups and organizations* (pp. 197–209). London: Sage.

Richards, Z., & Hewstone, M. (2001). Subtyping and subgrouping: Processes for the prevention and promotion of stereotype change. *Personality and Social Psychology Review, 5*, 52–73.

Roccas, S., & Brewer, M. (2002). Social identity complexity. *Personality and Social Psychology Review, 6*, 88–106.

Rohmann, A., Piontkowski, U., & Van Randenborgh, A. (2008). When attitudes do not fit: Discordance of acculturation attitudes as an antecedent of intergroup threat. *Personality and Social Psychology Bulletin, 34*, 337–352.

Runciman, W.G. (1966). *Relative deprivation and social justice: A study of attitudes to social inequality in twentieth-century England*. Berkeley: University of California Press.

Sakki, I., & Pettersson, K. (2016). Discursive constructions of otherness in populist radical right political blogs. *European Journal of Social Psychology, 46*, 156–170.

Saucier, D.A., Miller, C.T., & Doucet, N. (2005). Differences in helping Whites and Blacks: A meta-analysis. *Personality and Social Psychology Review, 9*, 2–16.

Schofield, J.W., & Eurich-Fulcer, R. (2001). When and how school desegregation improves intergroup relations. In R. Brown & S.L. Gaertner (Eds.), *Blackwell handbook of social psychology* (pp. 475–494). Malden, MA: Blackwell.

Sherif, M. (1936). *The psychology of social norms*. New York: Harper.

Sherif, M (1962). *Intergroup relations and leadership*. New York: Wiley.

Sherif, M. (1966). *Group conflict and cooperation: Their social psychology*. London: Routledge and Kegan Paul.

Sherif, M. (1970). On the relevance of social psychology. *American Psychologist, 25*, 144–156.

Sherif, M., Harvey, O.J., White, B.J., Hood, W.R., & Sherif, C.W. (1961). *Intergroup conflict and cooperation: The Robbers Cave experiment.* Norman, OK: The University Book Exchange.

Shnabel, N., Nadler, A., Ullrich, J., Dovidio, J.F., & Carmi, D. (2009). Promoting reconciliation through the satisfaction of the emotional needs of victimized and perpetrating group members: The needs-based model of reconciliation. *Personality and Social Psychology Bulletin, 35*, 1021–1030.

Sibley, C.G., & Duckitt, J. (2008). Personality and prejudice: A meta-analysis and theoretical review. *Personality and Social Psychology Review, 12*, 248–279.

Sidanius, J., & Pratto, F. (1999). *Social dominance: An intergroup theory of social hierarchy and oppression.* New York: Cambridge University Press.

Siem, B., Lotz-Schmitt, K. & Stürmer, S. (2014). To help or not to help an out-group member: The role of target's individual attributes in resolving potential helpers' motivational conflict. *European Journal of Social Psychology, 44*, 297–312.

Siem, B., & Stürmer, S. (2012). Cross-cultural volunteerism: Examining the effects of intercultural (dis)similarities on volunteers' motivations to support international students. *Basic and Applied Social Psychology, 34*, 544–557.

Siem, B., Stürmer, S. & Pittinsky, T. (2016). The psychological study of positive behavior across group boundaries: An overview. *Journal of Social Issues, 72*, 419–431

Simon, B., & Klandermans, B. (2001). Politicized collective identity: A social psychological analysis. *American Psychologist, 56*, 319–331.

Simon, B., Stürmer, S., & Steffens, K. (2000). Helping individuals or group members? The role of individual and collective identification in AIDS volunteerism. *Personality and Social Psychology Bulletin, 26*, 497–506.

Sontag, S. (1989). *AIDS and its metaphors.* New York: Farrar, Straus and Giroux.

Stasser, G., & Stewart, D. (1992). Discovery of hidden profiles by decision-making groups: Solving a problem versus making a judgment. *Journal of Personality and Social Psychology, 62*, 426–434.

Steele, C.M., & Aronson, J. (1995). Stereotype vulnerability and the intellectual test performance of African-Americans. *Journal of Personality and Social Psychology, 69*, 797–811.

Steiner, I.D. (1972). *Group processes and productivity.* New York: Academic Press.

Stroebe, W., Diehl, M., & Abakoumkin, G. (1996). Social compensation and the Köhler effect: Toward a theoretical explanation of motivation gains in group productivity. In E. H. Witte & J. H. Davis (Eds.), *Understanding group behaviour, Vol. 2: Small group processes and interpersonal relations* (pp. 37–65). Hillsdale, NJ: Erlbaum.

Stürmer, S., & Benbow, A. F. (2017). Psychological foundations of xenophilia: Understanding and measuring the motivational functions of exploratory cross-cultural contact. *Personality and Social Psychology Bulletin, 43*, 1487–1502.

Stürmer, S., Benbow, A. E. F., Siem, B., Barth, M., Bodansky, A. N. & Lotz-Schmitt, K. (2013). Psychological foundations of xenophilia: The role of major personality traits in predicting favorable attitudes toward cross-cultural contact and exploration. *Journal of Personality and Social Psychology, 105,* 832–851.

Stürmer, S., & Simon, B. (2004). Collective action: Towards a dual-pathway model. In W. Stroebe & M. Hewstone (Eds.), *European review of social psychology* (Vol. 15, pp. 59–99). Hove, UK: Psychology Press.

Stürmer, S., & Simon, B. (2009). Pathways to collective protest: Calculation, identification or emotion? A critical analysis of the role of anger in social movement participation. *Journal of Social Issues, 65,* 681–705.

Stürmer, S., Rohmann, A., Froehlich, L., & van der Noll, J. (2019). Muslim immigration, critical events, and the seeds of majority members' support for radical responses: An interactionist perspective. *Personality and Social Psychology Bulletin, 45,* 133–145.

Stürmer, S., & Siem, B. (2017). A group-level theory of helping and altruism within and across group-boundaries. In E. Van Leeuwen, & H. Zagefka (Eds.), *The social psychology of intergroup helping* (pp. 103–127). Cham: Springer.

Stürmer, S., Simon, B., & Loewy, M. I. (2008). Intraorganizational respect and organizational participation: The mediating role of collective identity. *Group Processes and Intergroup Relations, 11,* 5–20.

Stürmer, S., & Snyder, M. (2010a) (Eds.). *The psychology of prosocial behaviour: Group processes, intergroup relations, and helping.* Oxford, UK: Blackwell.

Stürmer, S., & Snyder, M. (2010b). Helping "us" versus "them": Towards a group-level theory of helping and altruism within and across group boundaries. In S. Stürmer & M. Snyder (Eds.), *The psychology of pro-social behaviour: Group processes, intergroup relations, and helping.* Oxford, UK: Blackwell.

Stürmer, S., Snyder, M., Kropp, A., & Siem, B. (2006). Empathy-motivated helping: The moderating role of group membership. *Personality and Social Psychology Bulletin, 32,* 943–956.

Stürmer, S., Snyder, M., & Omoto, A. M (2005). Prosocial emotions and helping: The moderating role of group membership. *Journal of Personality and Social Psychology, 88,* 532–546.

Tajfel, H. (1981a). Social stereotypes and social groups. In J.C.Turner & H. Giles (Eds.), *Intergroup behaviour* (pp. 144–167). Oxford: Blackwell.

Tajfel. H. (1981b). *Human groups and social categories: Studies in social psychology*. Cambridge, UK: Cambridge University Press.

Tajfel, H., Billig, M.G., Bundy, R.P., & Flament, C. (1971). Social categorization and intergroup behaviour. *European Journal of Social Psychology, 1*, 149–178.

Tajfel, H., & Turner, J.C. (1986). The social identity theory of intergroup behaviour. In S. Worchel & W.G. Austin (Eds.), *Psychology of intergroup relations* (pp. 7–24). Chicago, IL: Nelson-Hall.

Tajfel, H., & Wilkes, A.L. (1963). Classification and quantitative judgement. *British Journal of Psychology, 54*, 101–114.

Taylor, S.E., Fiske, S.T., Etcoff, N.L., & Ruderman, A.J. (1978). Categorical and contextual bases of person memory and stereotyping. *Journal of Personality and Social Psychology, 36*, 778–793.

Thibaut, J.W., & Kelley, H.H. (1959). *The social psychology of groups*. New York: Wiley.

Treichler, P.A. (1992). AIDS, HIV, and the cultural construction of reality. In G. Herdt & S. Lindenbaum (Eds), *The time of AIDS: Social analysis, theory, and method* (pp. 65–98). Thousand Oaks, CA: Sage.

Turner, J.C., Hogg, M.A., Oakes, P.J., Reicher, S.D. & Wetherell, M.S. (1987). *Rediscovering the social group. A Self-Categorization Theory.* New York, NY: Basil Blackwell.

Turner, J.C., & Reynolds, K.J. (2003). Why social dominance theory has been falsified. *British Journal of Social Psychology, 42*, 199–206.

Tyler, T.R. & Blader, S.L. (2003). The group engagement model: Procedural justice, social identity, and cooperative behavior. *Personality and Social Psychology Review, 7*, 349–361.

Tyler, T.R., & Lind, E.A. (1992). A relational model of authority in groups. In M. Zanna (Ed.), *Advances in experimental social psychology* (Vol. 25, pp. 115–191). New York: Academic Press.

Uziel, L. (2007). Individual differences in the social facilitation effect: A review and meta-analysis. *Journal of Research in Personality, 41*, 579–601.

van Knippenberg, D., & Schippers, M.C. (2007). Work group diversity. *Annual Review of Psychology, 58*, 515–541.

van Leeuwen, E. (2007). Restoring identity through outgroup helping: Beliefs about international aid in response to the December 2004 tsunami. *European Journal of Social Psychology, 37*, 661–671.

van Vugt, M., & De Cremer, D. (1999). Helping the group or helping yourself? Social motives and group identity in resource dilemmas. *Journal of Personality and Social Psychology, 76*, 587–599.

van Zomeren, M., Postmes, T., & Spears, R. (2008). Toward an integrative social identity model of collective action: A quantitative research synthesis of three socio-psychological perspectives. *Psychological Bulletin, 134*, 504–535.

Verkuyten, M. (2013). Justifying discrimination of Muslim immigrants: Outgroup ideology and the five-step social identity model. *British Journal of Social Psychology, 52*, 345–360.

Vorauer, J.D., Main, K.J., & O'Connell, G.B. (1998). How do individuals expect to be viewed by members of lower status groups? Content and implications of meta-stereotypes. *Journal of Personality and Social Psychology, 75*, 917–937.

Walker, I., & Smith, H.J. (Eds.) (2002). *Relative deprivation: Specification, development, and integration*. New York: Cambridge University Press.

Weldon M.S. (2001). Remembering as a social process. In D.L. Medin (Ed.), *The psychology of learning and motivation: Advances in research and theory* (pp. 67–120). San Diego, CA: Academic Press.

Williams, K.D. (2007). Ostracism. *Annual Review of Psychology, 58*, 425–452.

Williams, K.D., & Karau, S.J. (1991). Social loafing and social compensation: The effects of expectations of co-worker performance. *Journal of Personality and Social Psychology, 61*, 570–581.

Wright, S.C., Aron, A., McLaughlin-Volpe, T., & Ropp, S.A. (1997). The extended contact effect: Knowledge of cross-group friendships and prejudice. *Journal of Personality and Social Psychology, 73*, 73–90.

Wright, S.C., Taylor, D.M., & Moghaddam, F.M. (1990). Responding to membership in a disadvantaged group: From acceptance to collective protest. *Journal of Personality and Social Psychology, 58*, 994–1003.

Sachregister

Von „Aggression" bis „Vorurteil"

Gesundheitspsychologie

Nina Knoll / Urte Scholz / Nina Rieckmann
Einführung in die Gesundheitspsychologie
(PsychoMed compact; 5)
4., aktualisierte Auflage 2017.
256 Seiten. 26 Abb. 5 Tab.
utb-M (978-3-8252-4745-4) kt

Diese Einführung informiert über gesundheitspsycholo-
gische Theorie und Forschung: Welche Faktoren beeinflussen die Gesundheit? Wie entsteht Risikoverhalten?
Wie kann man schädliches Verhalten ändern? Am Beispiel von Herzerkrankungen und Krebs wird gezeigt, wie
gesundheitspsychologisches Wissen bei Vorsorge und
Therapie umgesetzt wird. Gesundheitsprogramme werden kritisch beleuchtet. Ideal für Einsteiger, die das Fach
Gesundheitspsychologie kennen lernen wollen!

ℝ️ reinhardt
www.reinhardt-verlag.de

Essverhalten und psychische Faktoren

Christoph Klotter
Einführung Ernährungspsychologie
(PsychoMed compact; 2)
3., aktualisierte Auflage 2017.
283 Seiten. 7 Abb. 5 Tab.
utb-M (978-3-8252-4790-4) kt

Ernährungspsychologie beschäftigt sich mit dem menschlichen Erleben und Verhalten rund um die Nahrungsaufnahme: Wie beeinflussen psychische Faktoren das Essverhalten? Wie entstehen Essstörungen, wie lassen sie sich verhindern bzw. heilen?
Das Lehrbuch führt in psychologische Theorien und Forschungsergebnisse zum Ernährungsverhalten ein und stellt Methoden der Prävention und Intervention vor.

ℛ reinhardt
www.reinhardt-verlag.de

Aus der Reihe utb-basics

Werner Wicki
Entwicklungspsychologie
2., aktualisierte und erweiterte Auflage 2015.
168 Seiten. 26 Abb. 2 Tab. Innenteil zweifarbig.
Mit 35 Übungsaufgaben.
utb-basics (978-3-8252-4475-0) kt

Die Entwicklungspsychologie gehört zu den grundlegenden Fächern im Psychologiestudium.
Dieses Lehrbuch gibt Studienanfängern einen ausgewo-
genen Einblick in Theorien, Methoden und Forschungsergebnisse der Entwicklungspsychologie – von der frühen
Kindheit bis ins späte Erwachsenenalter. Entwicklungs-
voraussetzungen und -bedingungen werden eingehend
diskutiert.

ℝ/ reinhardt
www.reinhardt-verlag.de

Pflichtlektüre vor der Klausur

Annemarie Fritz / Walter Hussy / David Tobinski
Pädagogische Psychologie
3. Auflage 2018.
256 Seiten. 73 Abb. 9 Tab. Innenteil zweifarbig.
Inklusive E-Learning-Kurs.
utb-basics (978-3-8252-5019-5) kt

Pflichtlektüre vor der Klausur: Mit dieser kompakten Einführung in die Pädagogische Psychologie können sich Studierende optimal auf die Prüfung vorbereiten. Das Buch gibt einen Überblick über menschliches Erleben, Verhalten und Handeln im pädagogischen Kontext und erklärt Prozesse der Erziehung, des Unterrichts und der Bildung. Anschaulich und kritisch werden psychologische Theorien, empirische Belege und ihre Relevanz für die Praxis in Unterricht und Erziehung vorgestellt.

reinhardt
www.reinhardt-verlag.de

Mentale Vorgänge im Fokus

Anne Böckler-Raettig
Theory of Mind
2019.
95 Seiten. 12 Abb. 2 Tab.
utb-S (978-3-8252-5133-8) kt

Für soziale Interaktionen ist es unabdingbar, sich in andere hineinzuversetzen. Was denkt, weiß, will unser Gegenüber? Dieses Erschließen der mentalen Zustände anderer Menschen wird als Theory of Mind bezeichnet. Doch wie entwickelt sich diese Fähigkeit? Antworten auf diese und weitere Fragen zu diesem Kernkonzept der Entwicklungspsychologie erhalten Studierende in diesem Einstiegswerk.

EV reinhardt
www.reinhardt-verlag.de

Bindung – kurz und bündig

Anke Lengning / Nadine Lüpschen
Bindung
2. überarbeitete Auflage 2019.
112 Seiten. 6 Abb. 4 Tab. Innenteil zweifarbig.
utb-Profile (978-3-8252-5196-3) kt

Menschliche Beziehungen lassen sich mit der Bindungstheorie besser verstehen. Kenntnisse auf diesem Gebiet
sind für psychologische, soziale und pädagogische Aus-
bildungsfächer und Arbeitsfelder unverzichtbar. Das
Buch führt kompakt in Bindungstheorie und -forschung
ein. Es stellt Verfahren zur Erfassung der Feinfühligkeit
und der Bindungsqualität dar und erklärt den Zusammenhang zwischen Bindung und Emotionen.

ℰℛ reinhardt
www.reinhardt-verlag.de

Die Psychologie der seelischen Widerstandskraft

Bernhard Leipold
Resilienz im Erwachsenenalter
2015. 240 Seiten. 17 Abb. 7 Tab.
Mit einem Geleitwort von Werner Greve, Unter Mitarbeit
von Tim Loepthien.
utb-M (978-3-8252-4451-4) kt

Resilienz ist in mehreren Fächern der Psychologie ein
wichtiges Thema und auch außerhalb der Universitäten
längst ein Trend. Dieses Lehrbuch stellt Konzepte und Forschungsergebnisse über Resilienz im Erwachsenenalter
vor: von den Ursachen und Rahmenbedingungen bis hin
zur Förderung in der späteren Berufspraxis. Die Psychologie der Lebensspanne bildet dabei den fächerübergreifen-
den Rahmen, der zu einem umfassenden und vertieften
Verständnis psychischer Widerstandsfähigkeit beiträgt.

www.reinhardt-verlag.de

Familienkonflikte vor Gericht

Harry Dettenborn / Eginhard Walter
Familienrechtspsychologie
3. durchgesehene Auflage 2016.
498 Seiten. 27 Abb. 8 Tab.
utb-L (978-3-8252-8676-7) kt

Wenn familiäre Konflikte vor Gericht gelöst werden müssen, ist psychologische Kompetenz für alle beteiligten Berufsgruppen unverzichtbar. Wie beurteilt man die Familienbeziehungen, die Bindungen zwischen Eltern und Kindern, die Erziehungsfähigkeit der Eltern, den Willen des Kindes? Wie wird man vor dem Hintergrund nüchterner rechtlicher Bestimmungen den Bedürfnissen und dem Wohl der einzelnen Familienmitglieder gerecht? Mit diesen Fragen befasst sich die Familienrechtspsychologie.

www.reinhardt-verlag.de

Fit für die Prüfung in A&O-Psychologie

Heinz Schüpbach
Arbeits- und Organisationspsychologie
2013.
191 Seiten. 25 Abb. 2 Tab. Innenteil zweifarbig.
Mit Online-Material.
utb-basics (978-3-8252-4009-7) kt

Hektik, Stress, Burn-out: Wie lässt sich der Berufsalltag
bewältigen? Solche Fragen beantwortet die Arbeits- und
Organisationspsychologie.
Das Buch führt in Modelle und Theorien der A&O-Psy-
chologie ein und präsentiert klassische Studien und
aktuelle Forschungsergebnisse. Es bereitet optimal auf
die Prüfung vor und vermittelt gleichzeitig ein anwen-
dungsbezogenes Verständnis für die Belange des einzelnen Menschen in der Arbeitswelt.

ℝⱽ reinhardt
www.reinhardt-verlag.de